König Tirol,

Winsbeke und Winsbekin.

Herausgegeben

von

Albert Leitzmann.

Halle.

Max Niemeyer.

1888.

Altdeutsche textbibliothek, herausgegeben von H. Paul.
No. 9.

Vorwort.

In der vorliegenden ausgabe des Winsbeken und der Winsbekin ist die herstellung eines kritischen textes versucht worden, wie er sich nach erneuter durchforschung des wertes und des gegenseitigen verhältnisses der handschriften ergab. Von der beifügung von anmerkungen habe ich ganz abgesehen: sie sind nirgends nötig und zur erklärung einiger noch immer dunkler stellen und wendungen konnte auch ich nichts beitragen. Vielleicht gelingt es mir durch diese neuausgabe eins der vorzüglicheren gedichte des deutschen mittelalters auch weiteren kreisen zugänglich zu machen.

Auf wunsch des herausgebers der textbibliothek habe ich die didaktischen teile des könig Tirol bei-·gefügt. Bei der herstellung des textes aus der einzigen handschrift bin ich möglichst conservativ verfahren und habe es vorgezogen an manchen stellen kleinere anstösse stehen zu lassen statt wenig plausible conjecturen aufzunehmen. Im lesartenverzeichnis zu Tirol (s. 5.) bitte ich folgendes

nachzutragen: 1, 6 *si* eingesetzt von v. d. Hagen;
8, 6 *muoz* Wilken = *muozen*; 13, 6 *den* Wilken = *die*
(vgl. 23, 5).

Zum schluss sage ich herrn professor P a u l für
mannigfachen freundlichen rat und beistand während
der arbeit meinen herzlichen dank.

Magdeburg, 6. märz 1888.

Albert Leitzmann.

Einleitung.

1. Zu König Tirol.

Unter dem namen „König Tirol" oder „Tirol und Fridebrant" sind uns zwei verschiedene gedichte überliefert, welche in ein und derselben strophe abgefasst sind: fragmente eines epischen gedichts auf vier verstümmelten blättern waren im besitz Jacob Grimms; ein gedicht von 45 strophen teils religiös-allegorischen, teils didaktisch-ritterlichen inhalts steht in der pariser liederhandschrift C.

Die epischen fragmente hat Jacob Grimm selbst herausgegeben Zs. f. d. altert. 1, 7 (Klein. schr. 7, 55); verbesserungsvorschläge dazu gab Bartsch, Germ. 12, 87. Das didaktische gedicht aus C ist gedruckt in v. d. Hagens Minnesingern 1, 5. Ein stück davon (strophe 1—13) hat F. W. Ebeling herausgegeben unter dem titel: Kunig Tirol von Schotten und sin sun Vridebrant, didaktisches gedicht des 12. jahrhunderts, Halle 1843. In der vorrede bemerkt der herausgeber, die grundlage des textes bilde ‚ein gedrucktes manuscript aus dem 17. jahrhundert', das ihm auf der öffentlichen bibliothek der franckeschen stiftungen zu Halle in die hände gefallen sei. Leider ist es mir nicht möglich an stelle von Ebelings unklaren angaben genaueres über alter und herkunft dieses ‚gedruckten manuscriptes' mitzuteilen: auf eine anfrage, die ich diesbezüglich an herrn director Frick in Halle richtete, erhielt ich die antwort, dass auf der dortigen bibliothek nichts dergleichen vorhanden sei. — Beide gedichte, das epische und das didaktische, sind gedruckt in Müllenhoffs Sprachproben [4] 112 und bei Wilken, Die überreste altdeutscher dichtungen von Tyrol und Fridebrant, Paderborn 1873 (vgl. dazu die durchaus treffende kritik Braunes Liter. centralbl. 1873, 974 mit Wilkens erwiderung 1433 und Braunes antwort 1434). Der beste abdruck ist der von Müllenhoff, von dem jede kritische herstellung als grundlage auszugehen hat.

Die hauptfrage, mit der sich die kritik unsres gedichtes zu beschäftigen hat, ist die, ob diese verschiedenen stücke ursprünglich vielleicht in einem grösseren ganzen vereinigt waren oder, wenn nicht, wie viel verschiedene teile anzunehmen sind. Bei der fragmentarischen gestalt und dem geringen umfang der überlieferung ist eine wissenschaftlich sichere entscheidung nicht möglich und jeder versuch hier ordnung zu schaffen erscheint mehr oder weniger als combination und willkür. Von den bisher aufgestellten ansichten, die ich zunächst im folgenden zusammenstelle, ist keine durch ihren vertreter bewiesen oder auch nur annähernd wahrscheinlich gemacht worden [1]. Jacob Grimm schied streng zwischen seinen bruchstücken und dem in C überlieferten lehrgedicht, das er, allerdings nicht ganz bestimmt, in zwei teile zerlegte, von denen der zweite mit strophe 25 beginnen sollte; das lehrgedicht war nach ihm ,ohne zweifel' älter als das epos. Auch Wackernagel nahm drei verschiedene gedichte an und hielt das lehrgedicht für älter: er versuchte seine ansicht durch eine metrische beobachtung zu stützen, auf die ich nachher zurückkomme. Scherer nahm vier teile an, indem er das rätselgedicht (strophe 1 — 24) noch bei strophe 13 in zwei zerlegte: er scheint das epos für älter als alles in C überlieferte zu halten. Wilken endlich hat die ansicht ausgesprochen, es möge alles in einem grösseren erzählenden ganzen vereinigt gewesen sein, lässt jedoch daneben die möglichkeit offen, dass

---

1) Vgl. zum folgenden J. Grimm Zs. f. d. altert. 1, 7. 9. (Klein. schr. 7, 55. 58); Wackernagel, Lit. gesch. 12, 174 anm. 47. 277 anm. 16. 344. 345; Scherer, Deutsche stud. 1, 63; Wilken s. 29—3°.

zwei gedichte bestanden haben möchten, für welchen fall er dann priorität des epos annimmt.

Zunächst erscheint mir einigermassen sicher, dass wir strophe 1—24 als einen zusatz anzusehen haben, ähnlich der fortsetzung des Winsbeken: er enthält specifisch theologische ideen, wie sie in einem ritterlichen lehrgedicht oder epos wohl kaum vorgekommen sein dürften. In strophe 13 unterbricht nach meiner interpunction der dichter den gang des gesprächs mit einer apostrophe an papst und geistlichkeit. Zu bemerken ist, dass der reim *jappestift : vipernâtern gift* 9, 5 aus dem lehrgedicht 43, 3 entnommen ist. Ob vielleicht innerhalb dieser strophen wieder mit Scherer ein abschnitt zu machen ist, worauf auch Ebelings druck hindeuten könnte, der nur strophe 1—13 hat, wage ich nicht zu entscheiden. Von dem dichter dieser ersten 24 strophen oder von dem, der sie mit dem lehrgedicht verband, rühren, glaube ich, die strophe 25 und die worte *er sprach* 26, 1 her, die ich darum im text eingeklammert habe. Strophe 25 ist zu kurz, nennt namen und der ausdruck *die weltlichen lêre* scheint ausdrücklich das heterogene der beiden teile verdecken zu sollen. Verschwiegen darf nicht werden, dass auch im lehrgedicht kirchliches stärker hervortritt[1]), mehr z. b. als im Winsbeken, doch sehe ich keine möglichkeit das in C überlieferte als einheitliches gedicht zu verteidigen[2]).

Die weitere frage ist, ob vielleicht das lehrgedicht (strophe 26—45) und die epischen fragmente enger zu einander gehören. Rein aus dem inhalt heraus lässt sich nichts schliessen: ich bemerke nur, dass im lehrgedicht, wenn man meine athetese von strophe 25 billigt, kein name genannt wird. Auch eine untersuchung des stils führt nicht weit und ist wegen des geringen materials sehr problematisch. Wolfram wird in beiden citiert: das lehrgedicht spielt 42, 5 auf Flegetanis und

---

1) Vgl. 38, 7. 39, 6. 45, 6; Wilken s. 30. 2) Auf diesen allegorischen teil und ähnliches, das vielleicht unter dem namen des könig Tirol ging, beziehen sich die unklaren citate im Wartburgkrieg und bei Boppe MSH 2, 17. 385.

Amfortas' siechtum an (Parz. 453—455. 478—484); das
epos hat eine wendung dem Parzival entnommen (B 12
= Parz. 257, 20) und entlehnt namen aus ihm (Fride-
brant, Tervigant, Massidam, Marroch und vielleicht Ga-
muret, wenn Grimms ergänzung von D 9 richtig ist.) —
Sprachlich würde nichts im wege stehen beide gedichte
für teile eines ganzen zu halten. Die handschriften
bieten keinen ganz reinen dialekt. Die sprache der
epischen fragmente ist mitteldeutsch, ebenso wohl auch
ihre vorlage[1]). Einiges sicher mitteldeutsche findet sich
auch im lehrgedicht und im rätselgedicht: *leben* als stm.
11, 4[2]); *risch* 29, 1 (die belege der wörterbücher über-
wiegend aus mitteldeutschen texten); 3. person plur.
ind. ohne *t* im reim 1, 4. 8, 3. 4. 21, 1. 22, 6. 30, 2. 5.
7; vielleicht inf. ohne *n* 34, 4. 44, 7, wo dann unge-
naue reime beseitigt sein würden; in der handschrift
schreibungen wie *vleis* 22, 2; *beval* 24, 2; *holden* 44, 3.
Ich habe nicht gewagt alles dies in den text aufzu-
nehmen; doch dürften schon die zuerst angeführten be-
lege zur localisierung im mitteldeutschen genügen. —
Ein kriterium würden wir vielleicht haben, wenn Wacker-
nagel recht hätte, der an den oben in der anmerkung
citierten stellen meint, das epische gedicht zeige schon
ein grösseres bestreben nach regelmässigem iambischen
rhythmus, der sich nur erklären lasse, wenn ihm das
lehrgedicht bereits als muster vorgelegen habe. Doch
ist zweisilbige senkung und fehlender auftact in beiden
gedichten sehr häufig, ja im epischen jene noch häu-
figer[3]). — Sicheres ist nicht zu gewinnen. Es ist mög-
lich, dass wir zwei gedichte vor uns haben, von denen
dann das didaktische als fragment angesehen werden
müsste und vielleicht ursprünglich einen epischen eingang
gehabt hat nach art des Winsbeken. Ich denke mir
dann den zwischenraum zwischen beiden nicht so gross,

---

1) Vgl. die zusammenstellungen von J. Grimm Zs. f. d. altert. 1, 11
(Klein. schr. 7, 59) und Wilken s, 43.   2) Vgl. Busch Zs. f. d. phil. 10,
324; Kinzel zu Alex. 999.   3) Die fälle zweisilbiger senkung im epischen
gedicht (153 unverstümmelte verse) verhalten sich zu denen im lehrgedicht
(140 verse) etwa wie 4 zu 3, die des fehlenden auftacts wie 1 zu 2.

dass man wandlung der metrischen principien annehmen müsste. Doch könnte auch das lehrgedicht ursprünglich zu dem epos gehört haben und wegen seines inhalts aus demselben herausgenommen und besonders abgeschrieben worden sein. Ganz abenteuerlich ist die ansicht Wilkens, der (s. 37) in diesem angenommenen grösseren gedicht eine erste behandlung der gralsage und eine quelle Wolframs sieht.

Von beziehungen des könig Tirol zu andern mhd. dichtungen ausser Wolframs Parzival wissen wir nichts. Zuweilen fühlt man sich an Spervogel erinnert (so bei 43, 1 an MSF 24, 17). — Über die strophe der gedichte ist zu vergleichen Pfeiffer, Freie forsch. 15; Scherer, Deutsche stud. 1,66 mit anm.

Ins nhd. ist das lehrgedicht übersetzt von **Wilken**, Altd. spruchged. s. 9—17. Für seine umstellungen und athetesen fehlt jede begründung.

Im folgenden gebe ich ein verzeichnis derjenigen stellen, an welchen ich von der handschrift C abgewichen bin (die handschriftliche lesart hinter dem gleichheitszeichen). 1, 3 dûhte = durht. 5, 3 iu = úch; 6 alse wirdeclîche = als wirdeklich. 6, 2 himelische = himelsche. 7, 1 wizzen *fehlt* (*vgl.* 20, 1). 8, 3 die = diu; 6 müezen = muozen. 9, 3 schadet iu = schat úch; 7 viper = vipen. 11, 2 solden = soldent; 5 gîte = gîtekeit (*vgl.* 44, 6). 12, 3 kündet = kúnt. 13, 2 edel *Wilken* = ê der; 3 iu = úch; 7 vür *Wilken* = vor. 17, 4 kunnet = kunnent; 7 iu = úch. 18, 5. 7 swungen: drungen *Wilken* = klungen: swungen. 20, 5 Jesse erborn *Wilken* = Ysse her geborn (*ursprünglich stand vielleicht* herborn). 21, 4 iu = úch; 6 dazse = das. 23, 4 swer *eingesetzt von Wilken*; 6 blaten *Wilken* = blatte. 24, 3 ich se iu *Wilken* = ich úch; 6 in *Wilken* = im.

25, 1 iu = iuch; 2 ûz *Wilken* = us der. 29, 4 diu = die. 32. 3. 4 brust: gelust = bruste: gluste. 33, 1 êst aller liebe = wan est alles leides (*das* wan *aus* 34, 1). 34, 2 sehe = sehen; 7 vîende = vient. 35, 3 gegen = gen. 36, 7 ir *eingesetzt von v. d. Hagen.* 38, 5 trahen *W. Müller mhd. wb.* 3, 81 a = trahtu; 6 der kl. an dîner st. *Wilken* = dú kl. an d. st. dîn. 41, 2. 3 liegen = lúgë; 3 swachet = machet. 42, 5 **Flegetanîse** =

fienetnise; 7 Amfortas siech wunt *v. d. Hagen* = Amphartys
sich wunt. 44, 1 dîns — dis; 3 hulden reine — holden reinen.
45, 2 gernde *Wilken* = gerne.

2. Zu Winsbeke und Winsbekin.

Die beiden lehrgedichte aus der blütezeit der mittel-
alterlichen poesie, welche man mit den namen Wins-
beke und Winsbekin zu bezeichnen gewohnt ist, sind in
folgenden handschriften, meist zusammen überliefert: in
der weingartner liederhandschrift B, in der pariser hand-
schrift C, in der berliner Nibelungenhandschrift J, in
einer basler handschrift K, in einer gothaer g, in der
kolmarer liederhandschrift k, endlich in einer wiener
handschrift w.

Von den meisten dieser texte giebt es besondre
abdrücke. B ist gedruckt in Pfeiffers ausgabe der hand-
schrift s. 205; C nach Goldast, Schilter und Bodmer in
v. d. Hagens Minnesingern 1, 364. 3, 465; J in v. d.
Hagens Germ. 1, 271. 2, 182. 240 (ich habe im sommer
1887 den abdruck mit der handschrift verglichen und
genau gefunden: zu beachten ist v. d. Hagens schluss-
bemerkung 2, 250); K von Wackernagel Altd. bl. 2, 127;
g in Beneckes Beiträgen 2, 459. Von k habe ich die
varianten nach einer abschrift von dr. H. Schnorr von
Carolsfeld mitgeteilt Beitr. 13, 248. Auf grund dieses
handschriftlichen materials mit ausnahme von k veran-
staltete Haupt die erste kritische ausgabe mit anmer-
kungen, Leipzig 1845.

Wir behandeln zunächt den wert der handschriften[1]).
Wegen ihrer fragmentarischen überlieferung für die text-
kritik nur wenig zu benutzen sind die texte K und w.
Nähere verwantschaft zwischen zwei handschriften be-
steht für den Winsbeken nicht; in der Winsbekin
stammen C und g aus einer vorlage. Die übrigen texte
teilen sich in eine bessere ältere und eine schlechtere

---

[1] Vgl. Haupt, vorr. VII und meine von Haupt abweichende dar-
stellung Beitr. 13, 257. 272, wo für alles im text nur kurz angedeutete die
nähere begründung gegeben ist.

jüngere gruppe: zu jener gehören B, C, J, zu dieser g, k. In g k finden sich entstellungen, willkürliche änderungen und auslassungen in grosser anzahl; zudem erscheint in g die strophenordnung vollständig verwirrt. Von der besseren gruppe zeigt J den verhältnismässig reinsten und besten text; B bietet eine sehr unzuverlässige und durch viele fehler entstellte überlieferung, C eine modernisierende umarbeitung. Im besondern finden sich verschiedenheiten des wertes der einzelnen texte für beide gedichte, die vielleicht daraus sich erklären, dass beide in den vorlagen noch nicht vereinigt waren: so ist J in der Winsbekin etwas weniger gut, B dagegen etwas besser als im Winsbeken. Die kritische behandlung des textes der Winsbekin wird dadurch sehr erschwert, so dass oft überhaupt keine sichere entscheidung möglich ist; der text des Winsbeken dagegen lässt sich mit ziemlicher sicherheit feststellen. In betreff der differenzen der strophenanzahl und -ordnung kann man wegen des mangelhaften materials in vielen fällen zu keinem entscheidenden resultate kommen. Ich habe daher meine ausführungen über echtheit und unechtheit der strophen (Beitr. 13, 269. 274) auf den text nicht einwirken lassen und, namentlich im schluss des Winsbeken, selbst sicher unechtes und jüngeres mitaufgenommen: die strophenzählung ist so dieselbe geblieben wie bei Haupt.

Wir kommen zur einheitsfrage [1]. Dass Winsbeke und Winsbekin nicht von einem dichter herrühren, vielmehr die Winsbekin eine nachahmung des Winsbeken ist, beweist die gedankenarmut und wiederholung in derselben sowie die parallelen zum Winsbeken, welche derart sind, dass man sie nicht gut demselben dichter zutrauen kann, der dann z. b. das gleichnis vom vogel, das in dem einen gedichte schon zweimal vorkommt, im zweiten zum dritten mal gebracht hätte. Der nachahmend sentenziöse ton, in dem die Winsbekin beginnt,

[1] Vgl. Haupt, vorr. VIII. XII; Wilken, zum Winsbeken Germ. 17, 410; Beitr. 13, 257. 266. 272.

geht allmählich in eine höfische unterhaltung über, bei
der die spitzfindigkeiten nicht gespart sind. Mit der
anwendung der dialogischen form hat der nachahmer
sicher den alten dichter überbieten wollen. Im Wins-
beken selbst sind wir, wie ich an anderer stelle nach-
zuweisen versucht habe, genötigt drei verschiedene
dichter anzunehmen, von denen dem ersten strophe
1—56, dem zweiten strophe 57—64, dem dritten 65—80
gehören. Dass mit strophe 57 ein zweiter dichter ein-
setzt, hat schon Haupt bewiesen, indem er zeigte, dass
die drei räte am schluss der Winsbekin der strophe 56
des Winsbeken correspondieren, der nachahmer also an
der stelle den schluss seines vorbildes sah, und dass
alles, was nach strophe 56 folgt, das vorige eigentlich
zu nichte macht. Denn was hätte die ganze weitläufige
unterweisung in ritterlicher moral für einen zweck, wenn
das ziel des dichters gewesen wäre sie hinterher zu
entwerten und zu negieren? Auch v. d. Hagen, der MS
4, 313 den schluss für echt hält ‚ganz in dem sinne
des alten rittertums, wo nicht selten auch von fürsten
ein tatenreiches leben so fromm und geistlich beschlossen
wurde', kann nicht umhin, die schliessliche wendung
überraschend zu finden [1]. Gegen beide argumente Haupts
ist nichts zu erwidern. Dass innerhalb der fortsetzung
wieder zwei teile zu unterscheiden seien, glaubte ich
aus einer randbemerkung in B und aus dem umstande
schliessen zu dürfen, dass die strophen 65 — 79 voll-
ständig der anknüpfung an die situation und stimmung
des vorhergehenden entbehren. Sie bilden vielmehr eine
sündenklage mit den typischen beispielen der reue und
barmherzigkeit und sind ein in sich vollkommen abge-
schlossenes gedicht, das erst in strophe 80 ziemlich un-
vermittelt auf den zusammenhang wieder eingeht [2]. Beide
fortsetzer haben ihrerseits den alten Winsbeken vor

---

1) V. d. Hagen hält ausserdem den schluss für historische wahrheit,
eine meinung, die auf einer hypothese von Goldast und Bodmer aufgebaut
scheint.   2) Über weitere zusätze innerhalb der sündenklage vgl. Bei-
träge 13, 270.

augen gehabt [1]). Ebenso findet sich zwischen der ersten
fortsetzung und der Winsbekin eine parallele, die nicht
wohl zufällig sein kann [2]). Man hat die dialogische
form der Winsbekin auf nachahmung dieser ersten fort-
setzung zurückführen wollen. Man muss jedoch damit
rechnen, dass vielleicht das verhältnis das umgekehrte
ist und die Winsbekin vielmehr auch älter als die fort-
setzungen sein kann: diese annahme würde die Beitr.
13, 269 von mir behandelte frage in andre beleuchtung
rücken. Ich erwähne noch, dass in k der text an vier
verschiedenen stellen der handschrift steht und zwar in
den von mir für die vier dichter umschriebenen grenzen.

Im folgenden richten wir nun unsre aufmerksamkeit
besonders auf das alte gedicht des Winsbeken (strophe
1—56). Den namen des dichters kennen wir aus C:
nach dieser handschrift war es ein ritter von Winsbach.
Winsbach ist ein städtchen im landgericht Heilsbronn
an der Rezat, nicht allzuweit von Grafenberg, der hei-
mat Wirnts, und Eschenbach, der heimat Wolframs.
Von ortsnamen auf -*bach* werden ableitungen auf -*beke*
gebildet (Haupt, vorr. XI.). Eine ältere form des namens,
Windesbecke, erscheint im Renner Hugos von Trimberg, wo
unser dichter gepriesen und jüngeren als vorbild hin-
gestellt wird [3]). Aus der handschrift k, in der die
strophe des Winsbeken als grussweise des tugendhaften
schreibers bezeichnet ist, glaubten Bartsch und Goedeke
schliessen zu müssen, dass der tugendhafte schreiber der
dichter des Winsbeken sei: diese annahme habe ich
eingehend besprochen und zu widerlegen versucht Beitr.
13, 256 [4]). — Für das geschlecht der Winsbeken fehlt

---

1) *daz disiu werlt ein goukel ist* 58, 2; *nû sich der werlte goukel an* 2, 4.
in vrier wal 61, 7; 19, 6; 45, 5; *von hôchvart sich verviel sin spil* 75, 5; *daz
sich vervellet gar sin spil* 41, 4.   2) *ûz ougen muoste er wangen baden*
64, 1; *dû muost diu wange ûz ougen baden* Wkin. 17, 10. Der ausdruck klingt
wolframisch, doch kann ich ihn bei Wolfram wörtlich nicht nachweisen.
3) MSH 4, 872; Gottfr. v. Neifen V. Haupt; Beitr. 13, 256.   4) Das neuste
über den schreiber ist die interessante kleine schrift von Schnewdewind, Der
tugendhafte schreiber am hofe der landgrafen von Thüringen, Gotha 1886,
festschrift des Karl-Friedrichs-gymnasiums zu Eisenach. Der verfasser stellt
zuerst den familiennamen des schreibers, Heinrich von Weissensee, fest und

es nicht an urkundlichen belegen: die von Haupt, vorr.
XII. und Zs. f. d. altert. 15, 261 gesammelten kann ich
um einige vermehren. Es erscheinen in urkunden: Pur-
chardus de Windesbach, dienstmann des Chuno von Hor-
burch, 1138 [1]); Hermannus de Windesbach, canonicus
und später archidiaconus, 1228—1263 [2]); Eberhardus de
Windesbach, judex in Bechlaren, 1271 [3]); Ruckerus de
Winsbach, 1310 [4]). Haupt ist Zs. f. d. altert. 15, 261
nicht abgeneigt, in dem Hermannus de Windesbach unsern
dichter zu sehen. Mir scheint dies aus zwei gründen
nicht glaubhaft. Erstens ist jener Hermannus ein geist-
licher und nach dem ganzen charakter und der tendenz
unsres gedichts scheint es mir sehr unwahrscheinlich,
dass der verfasser dem geistlichen stande angehört hat.
Ein geistlicher würde kaum in seinem lehrgedicht so prei-
sende worte von der weltlichen minne gesprochen, kaum
so ausführliche vorschriften über turnierkunst gegeben
haben. Die ganze unterweisung des vaters steht weit
ab von der specifisch geistlichen sphäre; sie erscheint
vielmehr einzig auf das praktische leben und seine an-
sprüche gerichtet und diesem leben in und mit der welt,
wofern es nach ethischen principien geregelt ist, wird
ein hoher wert beigelegt, der selbst vor gott bestehen
kann. Natürlich fehlt in dem ethischen gemälde die
frömmigkeit, die beziehung des menschlichen tuns auf
gott, den herrscher und richter der welt, nicht: auch
sie ist jedoch wie alles, was der dichter uns bietet, von
einer naiven natürlichkeit und einfachheit, die um so
kräftiger wirkt. Das zweite, was ich gegen Haupts an-
nahme vorbringe, steht mit der freilich kaum endgültig
zu entscheidenden frage in zusammenhang, inwieweit
man reale verhältnisse als grundlage unsres gedichtes
anzunehmen hat [5]). Ich halte dafür, dass wir den vater

weist nach, dass Heinrich sein leben im kloster beschlossen hat. Unsre
frage ist nicht berührt.   1) Mon. boica 12, 333.   2) Mon. boica 37,
225. Ried, codex diplomaticus episcopatus ratisbonnensis 352. 355. 356. 361.
376 392. 396. 399. 405. 414. 472. Jung, miscell. 1, 7.   3) Ried a. a. o. 525.
4) Hanselmann, landeshoheit des hauses Hohenlohe 602 b.   5) Vgl. auch
Gött. gel. anz. 1847, 375.

im gedicht mit dem dichter zu identificieren haben, und glaube, dass auch die behandlung der lehre als unterweisung eines sohnes nicht blos altüberkommener technik ihr dasein verdankt, sondern dass der dichter tatsächlich einen sohn hatte, an den er das gedicht richtete oder an den er bei ausarbeitung des werkes besonders dachte. Diese annahme wird mir wahrscheinlich durch den immer von neuem und in mannigfachen variationen hervorquellenden unmittelbaren ausdruck des gefühls und den vielfachen hinweis auf das grundverhältnis, das in der ersten strophe uns dargelegt wird [1]). Der vater giebt nun im gedicht eine reihe von anspielungen auf sein vorgerücktes alter, die wie lebendiger wirklichkeit entnommen aussehen (20, 7. 47, 3. 48, 4)[2]). Den gedankengang des dichters selbst fördern sie gar nicht, erklären sich aber gut aus der annahme, dass der dichter eben reale verhältnisse von sich selbst in sein gedicht übertrug. Wir würden dann über das alter des dichters eine bestimmung gewinnen, die mit der zeit jenes Hermannus de Windesbach sich nicht gut würde vereinigen lassen, wenn wir die gewöhnliche datierung des gedichtes beibehalten, nach der es, gewiss mit recht, ungefähr in die erste hälfte des 2. decenniums des 13. jahrhunderts gesetzt wird. — Den namen Winsbekin hat Haupt, vorr. XII. mit recht für eine ungeschickte parallelbildung zu Winsbeke erklärt. Es ist möglich, dass die in einigen handschriften überlieferten überschriften beider gedichte *des vater lêre* und *der muoter lêre* die ursprünglichen sind.

Was die ästhetische beurteilung des gedichtes anlangt, mit der die culturhistorische sich nahe berührt, so steht noch immer die charakteristik unsres Winsbeken bei Gervinus (Gesch. d. deutsch. dicht. [5] 2, 2) unerreicht

---

1) Vgl. besonders 1, 6. 13, 10. 36, 5. Rein wissenschaftlich diese annahme zu grösserer evidenz zu bringen fehlt das material. Ich muss daher an den eindruck des werkes und an das unbefangene urteil des lesers appellieren. Man vergleiche dagegen, worauf der dichter der Winsbekin das verhältnis von mutter und tochter gründet: 1, 8. 3, 5. 11, 3. 34, 1—7.
2) Diese bestimmungen greift der erste fortsetzer begierig auf: 59, 1. 60, 5.

da, deren wirkung ich nicht durch zusätze oder auszüge
abschwächen will. Nur eins hebe ich hervor, dass dasjenige, was uns am ethiker besonders bedeutend vorkommen muss, die individuell ausgeprägte kraftvolle
persönlichkeit, der Winsbeke in hohem masse besitzt.
Völlig verkannt hat dies Scherer, wenn er ihn (Lit. gesch.
220) einen durchschnittsmenschen nennt und mit Hartmann von Aue vergleicht.

Der Winsbeke und der verfasser des lehrgedichts
vom könig Tirol versuchen zum ersten mal eine reihe
ethischer betrachtungen mit betonung der specifischen
ideale des rittertums im rahmen eines selbständigen gedichts zu geben. Beide ruhen, wo ihre gedanken nicht
der ritterlichen sphäre entnommen sind, auf dem grunde
der volkstümlichen, auch der gangbaren sprichwörter
sich bedienenden gnomik der fahrenden im letzten drittel
des 12. jahrhunderts, die uns vor allem in Herger und
Spervogel vorliegt und die Walther in seinen sprüchen
veredelte. Von beziehungen des Winsbeken zu vorhergehenden und gleichzeitigen dichtern wissen wir wenig.
Dass er den könig Tirol gekannt haben muss, werden
wir bei betrachtung der strophe sehen. Über engere
beziehungen zu Wolfram, den er 18, 5 citiert, handle
ich demnächst in den Beiträgen[1]). Auch die wirkungen
auf nachfolgende dichter sind noch wenig durchforscht.
Es scheint, dass Freidank einige stellen auf seine weise
in die Bescheidenheit aufgenommen hat, obwohl man
bisher in der annahme dieser entlehnungen wohl zu
weit gegangen ist: die stellen sind gesammelt bei W.
Grimm, Üb. Freid. 11 (Klein. schr. 4, 14)[2]). Einfluss auf
Reinmar von Zweter versucht Roethe wahrscheinlich zu
machen (Reinmar. s. 211 mit anm. 266, wo ebenfalls
manches zweifelhafte).

Die strophe des Winsbeken ist als weiterbildung
der sechszeiligen Tirolstrophe anzusehen, welche nun
dem dreiteiligen Bau der höfischen lyrik näher gerückt

---

1) Über angebliche beziehungen zum Wigalois, die Pfeiffer annahm,
vgl. Beltr. 13, 275.   2) Vgl. Üb. Freid. zw. nachtr. 11 (Klein. schr. 4,
107); in der auffassung folge ich natürlich Pfeiffer, Freie forsch. 173.

erscheint. Drei änderungen sind an der Tirolstrophe vorgenommen: die ersten vier zeilen zeigen statt gepaarter reime die folge *abab*, alle zeilen sind auf das gleiche mass von vier hebungen gebracht und das reimpaar des schlusses mit der waise doppelt gesetzt. Zur bindung von stollen und abgesang erhielt der erste teil des letzteren dasselbe reimwort wie zeile 2 und 4 [1]). — Einige fälle von fehlender senkung und namentlich fehlendem auftact [2]) habe ich nicht beseitigt, wo sie sichere handschriftliche gewähr hatten. Unter den unreinen reimen ist nur ein schwerer fall (*gen: ben* 78, 1), der bei Wolfram seine parallelen findet.

Über ‚Unterschiede des stils im Winsbeken und in der Winsbekin' handelt Gutzeit im osterprogramm 1887 des realgymnasiums zu Bromberg. Die arbeit ist schätzbar wegen der sammlungen für einige der hauptsächlichsten rhetorischen und stilistischen figuren und einer reihe von guten einzelbemerkungen. Vielfach ist jedoch der verfasser in seinen aufstellungen zu constructiv verfahren. Seine principielle grundlage bildet, mehr als einer vorurteilsfreien psychologischen sprachbetrachtung dienlich sein dürfte, Gerbers ‚Sprache als kunst' [3]).

Einen weiteren beitrag zur erklärung lieferte Haupt, Zs. f. d. altert. 6, 387. Nicht ohne fehler ist der Winsbeke (strophe 1—56) und von der Winsbekin anfang und schluss ins nhd. übersetzt von Wilken, Altd. spruchged. s. 19—60.

Ich gebe im folgenden die abweichungen von Haupts texte (Haupts lesarten hinter dem gleichheitszeichen). 1, 3 den wolte er *CJgkw* = er wolt in *B*; 4 und *CJ* = er *Bgw*; 6 liep sam dû mir *J* = sam dû selbe dir *BC*. 2, 1 minne reiniclîchen *JKw* = inneclîche minne *B*; 6 sî *JKg* = ist *Bw*. 3, 5 dînen sinnen *CJKw* = dînem sinne *B*; 7 dîn *CJgk* = diu *BKw*. 4, 5 habe *CJ* = hât *BKgkw*; 6 wiltû nû *CJKgk* = und wiltû *B*. 5, 3 er *CJw* = man *B*. 7, 7 und tuostû *CJ* =

---

1) Scherer, deutsche stud. 1, 66 anm.   2) 8, 1. 15, 1. 29, 5. 10. 36, 2. 57, 7. 64, 8. Wkin 12, 8. 13. 9.   3) Was den wert des Gerberschen buches betrifft, so schliesse ich mich den darlegungen Gerlands an in seiner kritik der ersten auflage (Kuhns Zs. 21, 370).

tuostû *Bgk*. 8, 1 vüege *BCJk* = gevüege *g; 3* hân *Jgk* = haben *BC; 6* und darin *CJgk* = unde ouch dar *B; 7* waz wiltû danne wunne *CJg* = ich enweiz wiltû dâ wunnen *B.* 9, 9 werre zwischen vriunden tragen *Jgk* = zw. vr. werre frument *ohne handschrift (vgl. Beitr.* 13, 261). 10, 2 ims *CJ* = imz *B;* underbrich *CJ* = undersprich *Bgk;* 4 über den *alle* = des *ohne handschrift (aus metrischen gründen); 9* bî *CJgk* = wider *B.* 11, 2 unvuoge *CJgk* = unvuogen *B; 5* wunne *BJ* = der w. *C; 9* sîn *BCJk* = wesen *g.* 12, 3 an *BCJg* = ein *k; 7* vollic unde *CJg* = vollecîchen *ohne handschrift*. 13, 10 untroesten *J* = gelouben *B.* 14, 2 ein getranc *CJ* = einen tranc *Bgk.* 15, 1 sage *alle* = gesage *ohne handschrift; 10* alsam *CJ* = reht als *Bgk.* 16, 3 und hâstû *J* = hâstû *BCgk.* 19, 3 und sleht *alle* = sleht *ohne handschrift; 6* aber dû *Jg* = aber *BCk.* 20, 5 sô *CJ* = alsô *Bg; 10* siges *CJg* = degenes *ohne handschrift (vgl. Beitr.* 13, 261). 21, 4 lâz an *CJk* = und lâ *B.* 22, 9 der *CJgk* = daz *B.* 23, 3 den sinnen *CJg* = dem sinne *Bk; 4* als *CJg* = und *B; 6* maere *BCJk* = rede *g.* 24, 6 sî vil rehte *J* = rehte sî *C.* 25, 2 denne gar *CJg* = danne *B; 4* hin *CJk* = dîn *Bg, 9* wiltû des rates *CJg* = und wiltû mir des *Bk; 10* dû *CJgk* = sô *B.* 26, 1 vuoge entnimt *Jgk* = an sich nimt *B; 3* varwe *Jg* = schoene *Bk.* 27, 1 der *J* = daz *Bk; 2* viulet *J* = swendet *B; 9* niht sanfte *Jk* = unsanfte *B; 10* daz *J* = sîn *Bk.* 28, 8 baz *CJKg* = mâc *B (vgl. Beitr.* 13, 261). 29, 2 alsô *Jk* = sô *B;* niht *CJg* = iht *Bk; 3* tugende *Jg* = sin *Bk; 5* ist *BJgk* = daz ist *C; 9* der = dêr; 10* ê *mit Paul eingesetzt;* verlür *Jgk* = gar verkür *C.* 32, 8 daz muostû *Jg* = sô muostûz *Bk; 10* waere ez *CJ* = hetest dûz *B.* 33, 9 des *Jk* = dez *Bg.* 34, 8 diu maere vil dicke *CJ* = sî daz diu maere *ohne handschrift.* 35, 6 dienste *J* = guote *B; 7* sînen willen *BJgk* = sîne wîle *C.* 36, 2 ze *B* = zeiner *Cg; 3* muot *CJg* = lîp *Bk; 4* dem *CJgk* = dîm *B.* 39, 5 und *J* = noch *Cgk; 6* hóchgemuot *CJgk* = wolgemuot *B.* 40, 5 ûr *J* = Sur *C (vgl. die varianten Willeh.* 335, 9. *Nib* 880, 2). 43, 7 luhs *J* = louch *BCg; 9, 10 mit J und streichung des einen* noch = dern mac geb. n. an lîbe guote noch den liden *ohne handschrift.* 44, 2 vriundes noch an vindes *CJg* = vînd. noch an vr. *Bk; 8* vriundes *CJgk* = vriunde *B.* 45, 2 val *CJk* = ein val *Bg.* 46, 6

herzen rehte *CJg* = rehtem herzen *B*. 47, 5 den *Jg* = dem
BC; 6 reinen *CJg* = reiner *B*. 48, 3 dich *CJg* = dir *B;* 5
einen *alle* = êren *ohne handschrift*. 49, 1 nû *J* = wol *Cg;*
6 dem *J* = den *BC*. 50, 8 wurzen *Jg* = wurzeln *Bk*. 52, 1
dine *BJk* = wort *Cg;* 3 sich *BJ* = si *Cgk;* 4 ander ist *BJ* =
ander *Cgk;* 7 ûf *CJ* = an *Bgk;* 10 hin *CJgk* = în *B*. 53, 8
gedienet *Jk* = gediente *BC;* 10 die nôt *CJ* = solch klam *B*.
54, 8 ist *J* = wirt *BC*. 55, 7 ir *CJ* = diu *Bk;* 10 mac *CJ* =
kan *Bk;* tôde *CJ* = ime *Bk;* bevriden *CJk* = gevriden *B*.
56, 1 nû niht *BJK* = nû *Ck;* 3 sîn *CJKk* = ez *B*.

57, 5 diu *CJk* = der *B;* 7 bite *CJ* = die bite *Bk*. 58, 1
ein kint *BJ* = kint *C;* 4 wirt *CJ* = ist als *B;* 6 lât *CJk* =
leit *B;* swacher *CJ* = smaehe *B;* 9 trügeheit *CJ* = trügen-
heit *Bk*. 60, 4 würde vil lîhte *J* = lîhte würde *B;* 7 erliten
CJ = geliten *Bk;* 9 vor *CJ* = ob *Bk*. 61, 3 bî *CJk* = in *B;*
6 selber *Jk* = selben *B;* 9 trügeheit *CJ* = trügenheit *Bk;*
10 himelrîche *CJk* = himellant *B;* weln *BCJ* = erweln *k*.
62, 1 die *CJk* = dise *B;* 4 sô *CJk* = als *B;* 9 begeben *CJ*
= ergeben *B*. 64, 5 die *alle* = diu *ohne handschrift;* 8 ez
ist *BJk* = jâ ist ez *C;* kindes spil *Jk* = kindespil *B*. 65, 5
rehter riuwe *J* = rehten riuwen *k;* 7 schulden *CJk* = herzen
B; 8 daz *CJk* = swaz *B;* ie *J* = hie *BCk;* gesündet *CJk* =
begangen *B*. 66, 2 vertiefter *J* = vertiefet *C*. 67, 7 sîne stricke
Jk = sînen stric *C;* mich *Jk* = mich sô *C*. 70, 9 diu sol *J*
= sol *Ck*. 72, 7 âwê *J* = owê *C*. 73, 10 ein *J* = dîn *C*.
75, 2 niderst hoehest *Jk* = hoehest niderst *C*. 77, 1 got ich
J = ich *Ck;* tuon *J* = tuon hie *BCk;* 4 sorgen *J* = sünden
BCk. 78, 1 bewegen *BJ* = begeben *Ck*. 80, 4 huoben gelt
J = huobegelt *Ck*.

1, 1 in *J* = mit *BCgk;* 8 eins *J* = ein *ohne handschrift;*
9 gerne *J* = hôhe *B*. 2, 2 sô *CJgk* = als *B*. 5, 2 in *CJgk* =
mit *B;* 3 wirt *CJgk* = ist *B*. 8, 2 habe *CJgk* = hân *B;* 5 in
dem houbet *J* = und über *B;* 7 zuht ir *J* = zühte *B*. 9, 1
werc den worten *J* = wort den werken *BCgk;* 8 daz *J* =
als *B*. 11, 8 dir ouch *J* = ouch dir *Cg*. 12, 8 ich *J* = aber
ich *Cg*. 13, 3 von *J* = des *B;* 9 der *J* = dîner *B*. 14, 1
muoter mir daz *J* = mir daz m. *B;* 7 mîn lop *Jg* = den lîp
B. 15, 5 tugenden êre *J* = zühten êren *B;* 8 hoehsten *J* =
besten *B;* 9 ofte *J* = werde *B*. 16, 2 jagen *J* = ringen B;

5 vore $J =$ vor sô B; 7 diu $J =$ sî B; schande $J =$ scha-
den B; 9 swem $J =$ dem B. 17, 8 mêrcnthalp $J =$ innerhalp
Cg. 18, 3 getrûwe $J =$ trûwe *ohne handschrift*. 19, 1 haben
$BCJ =$ hânt g; 2 und dâ bî alle $Jg =$ dâ bî doch ein vil
B; 6 staeter $J =$ vester B; 7 reden $CJg =$ sprechen B; ge-
tar $BCJ =$ tar g. 20, 1 ez ist $BJg =$ êst C; 7 mit $J =$ daz
si iht hernâch beginnen klagen B. 21, 5 enzündet $BJ =$ er-
kindet C; 9 müeze $J =$ muoz BCg; 10 *mit* $J =$ mit sîner
starker krefte nern B. 22, 5 noch her $CJ =$ noch B; 6 vrou
$CJg =$ diu B; 7 an $CJg =$ ûf B. 23, 2 ligen $CJg =$ geligen
B; 4 kurzlîch möhte $CJ =$ möhte k. *Bg.* 24, 8 kumt — sper-
ret $CJg =$ kom — sperre B; 10 sage $J =$ rât B. 25, 9 sol
$CJg =$ muoz B; 10 machen $BCg =$ mache J. 26, 2 twinget
mînen sin $CJg =$ gert des herzen mîn B; 9 an mir $CJg =$
dar an B. 27, 5 engan $J =$ gan BCg; 6 und wil betwingen
$CJg =$ si welle twingen B. 28, 4 ich briche $J =$ zerbriche ich
B; 5 niht $J =$ des niht B. 29, 6 mac si $CJg =$ mahtû B. 30,
2 êren $CJg =$ êre B; 8 mac $CJg =$ möht B; undersehen CJg
$=$ übersehen B; 9 trîbet $CJg =$ tribe B. 33, 6 mîn kint CJg
$=$ kint B; 7 dâ $CJg =$ sô B. 34, 6 lieber danne der lîp J
$=$ âne mâze liep B. 35, 2 ir wunder $J =$ der minne B; 3
sî genant $CJg =$ heize vrô B; 5, 6 und nâch ir willen — diu
selben aber $CJg =$ *umgekehrt* B. 36, 4 sulu — die $CJg =$
sol — der B; 5 den $CJg =$ dem B; 6 gern $CJ =$ gewern
Bg. 37, 1 hôhe edele $J =$ edele hôhe B; 3 *mit* $J =$ sît si
niht wan der herzen gert B. 41, 10 tugenden $Bg =$ tugende
C. 42, 1 hôchgelobte $B =$ gelobte Cg; 6 gesinde dar inne
$B =$ ir gesinde Cg.

Conjecturen von Haupt habe ich aufgenommen 2, 8. 66,
10. 69, 7. Wkin 3, 8. 45, 4. 5.

König Tirol.

1. Das rätselgedicht.

1. ‚Got hât wunder manicvalt:
Dâniêl zeicte er einen walt;
der dûhte in volle lobesan,
darinne zwêne boume stân:
den tolden man der hoehe jach,   5
daz man *si* in den landen
ob allen boumen verre sach.
  2. Als man die morgenzît vernam,
ein balsemsmac an si bekam
mit lüften, daz er lîse gie.
ietweder boum den smac emphie:
der eine wart grüene unde breit,   5
der ander vûl und dürre gar.
wie was der smac an si geleit?
  3. Der grüene und der dâ dürre stât,
ieglîcher boum ein voglîn hât.
sust ist der ander walt überal,
ieglîchz rîs vol der voglîn schal:
von dem smacke nement si die kraft.   5
der dürre boum und ouch sîn vogel
iemer mit jâmer sint behaft.
  4. Dâniêl uns daz besinnet hât,
wiez umbe die zwêne boume stât.
dâ sprach des wîsen mannes munt:
walt unde voglîn werdent kunt.
râtestû daz, Vridebrant,   5
von leien herzen, lieber sun,
sôst wol mîn lêre an dich bewant.‘

5. Dô sprach der junge künic wîs:
,herre, gent ir mir den prîs,
den grüenen boum wil ich iu sagen:
der muoz von schulden vreude tragen.
dast ein priester, der emphât   5
got alse wirdeclîche,
daz er âne houbetsünde stât.

6. Jr machet mir die varwe rôt,
swenne ich daz himelische brôt
gelîche zuo des balsmen zil:
dêst mir leien alze vil.
swenne der priester messe tuot,   5
diu gotes gnâde kumt balsmen gelîch
und wirt daz brôt vleisch unde bluot.

7. Welt ir *wizzen*, wiez umbe den dürren stât?
der valsche priester niht enlât,
den süezen got er ouch emphaeht.
der tumber tôr sich selben haeht,
Jûdas und er hânt gelîchen pîn.   5
der valsche priester dast der boum,
sîn sêle dast ein vogelîn.

8. Diu kristenheit daz ist der walt,
ir sêle zen vogeln sî gezalt.
swâ *die* bî valschem priester stân
und doch ze gote gelouben hân,
daz er sich birget in ein brôt,   5
ir vogel von schulden singen *muoz*:
ir sêle vermîdet helle nôt.

9. Jr leien vrouwen, swâ ir stât
und ouch ze gote gelouben hât,
der valsche priester schadet iu niht,
swie vil man schanden von im giht.
er tritet selbe in jappestift,   5
swenne er den süezen got emphât;
er slindet vipernâtern gift.

10. Swelh priester aber got schône emphât,
mit sînen pharreliuten gât,
der ist dâ ze himelrîch:
dem selben dem ist niht gelîch.

si singent alle: wol uns dîn,   5
daz dû uns hâst alsô bewart,
daz wir vermîden helle pîn.
   11. Swenne ich die krône ûffe hân,
die priester solden vor mir gân:
die wirde hât in got gegeben.
nû swachent si den selben leben
mit *gîte* und mit unrehtem site   5
verbietent siz den leien gar
und vüllent si sich selber mite.
   12. Diz tuont aber alle priester niht:
swâ man der einen reinen siht,
des stimme kündet uns gotes wort;
erst ein ganzer himelhort,
er ist tame vür sünden sê.'   5
‚nû lôn dir got, vil lieber sun;
ist dir daz kunt, sô weist ouch mê.'
   13. Roemisch bâbest hôchgenant,
der *edel* künic Vridebant
leit iu diz bîspel alhie vür;
und roemisch voget von vürsten kür,
swaz krumbe stebe ûf erden treit,   5
und allen, *den* man blaten scher,
den sî diz bîspel *vür* geseit.
   14. ‚Dâniêl wunders mêr geschach:
eine starke mülen er sach;
diu lac an einem wâge tief.
der under stein vaste umbe lief;
der ober kunde stille ligen.   5
wiez umbe die müle sî getân,
daz waere mir schedelîch verswigen.
   15. Daz rat, daz an der müle gât,
zwô und sibenzic kamben ez hat:
die sint von alsô maniger par.
eines wirt man dâ gewar,
der ist von lignum âloê;   5
nie reiner holz ûf erde wart.
weistû wiez umbe die müle stê?
   16. Der selben müle phlac ein man,

der nie vleisch noch bein gewan;
der hete ein kint; daz wart enein,
daz ez den undern mülenstein
druhte, daz er stille lac.   5
von einem kleinen wezzerlîn
der ober grôzer snelle phlac.

17. Daz kint daz hâte knappen zart.
dô der ober stein kam an die vart,
ez sprach: ir sult iuch des bewegen,
daz ir des steines kunnet phlegen;
ob der under welle streben,   5
den drucket, als ich hân getân:
ich wil iu lôn darumbe geben.'

18. ‚Herre, ir habt wunderlîchen muot,
daz ir gegen mir die vrâge tuot.
von ritterschefte wiste ich baz,
wâ jener gelac, wâ der gesaz,
wâ sich die spaene ûz helme *swungen*   5
von swerten über die schilte,
darunder sich die recken *drungen.*

19. Êdoch welt ir sîn niht enbern,
sô wil ich iuch der müle wern.
der under stein ist diu alte ê:
diu kumt vürbaz niemer mê;
die hât der megde sun verdruct.   5
der ober stein daz ist der touf,
dâ mite diu niuwe ist ûf gezuct.

20. Welt ir wizzen, wiez umbe die kamben stât?
zwô und sibenzic sprâche die werlt hât:
der einen der man dâ wirt gewar,
diu dâ ist von sô süezer par,
daz ist diu maget von Jesse *erborn,*   5
die got, al der werlte herre,
zeiner muoter hât erkorn.

21. Die knappen, die der müle phlegen,
daz sint die priester, die den segen
habent über des toufes zil,
waere iu der rede niht ze vil.
got gap den phaffen ûf ir eit,   5

dazse ungelouben druhten
und ûffeten die kristenheit.

22. Welt ir dan wizzen umbe den man,
der nie vleisch noch bein gewan?
des kint truoc einer megde lîp:
die juden jâhen, si waere ein wîp.
Dâniêl mit beiden handen swuor,   5
daz si mit dem gelouben varn,
als Adâm umbe den aphel vuor.

23. Si habent dannoch pîne vil:
got dur uns niht mê sterben wil;
von sînem tôde wart uns zorn.
er sprach: *swer* iemer wirt geborn,
dem sî benant des toufes zil   5
und volge, den man *blaten* scher;
durch iuch ich niht mê sterben wil.

24. Wan dâ got von dirre werlte schiet,
er bevalh uns einer tiuren diet.
priester nenne ich *se* iu mit namen:
kein künic sich niemer darf geschamen,
daz er daz edel houbet sîn   5
mit krône gegen *in* neiget;
des gibe ich iu die triuwe mîn.'

2. Das lehrgedicht.

25. [Jr herren, iu tuot diz buoch erkant,
wie der künic Tîrol ûz Schottenlant
sînem sun Vridebrande riet
die weltlîchen lêre:
daz kint von missewende er schiet.   5

26. Er sprach:] ‚dû solt wizzen, liebez kint
(dâ gegen ist elliu lêre blint),
dîn liute soltû willic hân.
sich selber, wie mirz sî ergân:
ich truoc ie gelîch mit in enein;   5
des volget mir von strîte
vil manic helt gevangen hein.

27. Dû solt ouch wizzen, waz dich gezeme:

swaz schaden in dînem dienste neme,
daz dû den wider rihtest snel.
hie umbe wâgent si ir vel.
wirt man der tugent an dir gewar,   5
dû gesigest gegen breiter menge
gegen vîenden mit kleiner schar.

28. Sun, wilt dich aber selbe smaehen,
sô soltû den ungerne sehen,
der dur dich sî in kumber komen
und schaden hât bî dir genomen.
volgestû dem selben site,   5
got tuot ein michel wunder,
teilt er dir sîn helfe mite.

29. Sun, turnei machet rische diet:
dâvon wil ich dir râten niet.
turnieren wirdet mannes lîp:
dur wirde lobent si diu wîp.
turnieren daz ist ritterlîch: 5
sô hoert zuo strîte dringen
und veste halten herteclîch.

30. Lâstû dîn golt behalden tragen,
swenne dîne liute kumber klagen,
dast ein swacher küneges vunt.
swelh vürste daz tuot, dem ist niht kunt,
wie tûsentvalt siz widerwegen,   5
dâ hurt gegen hurte dringet
und swert ûf helme klingens phlegen.

31. Sun, dû solt dîn êlîch wîp
haben liep alsam dîn selbes lîp:
dast ob allen tugenden bunt.
die rehten ê tete uns got kunt.
vil junger künic, dast mîn rât: 5
behaltestû die lêre mîn,
dû belîbest âne missetât.

32. Sun, dîner werden manne wîp
und ir schoenen tohter lîp —
nû hüete, daz dir iht under brust
kome in dîn herze der gelust,
dâmite dû dînen werden man   5

an êren mügest geswachen:
niht baz ich dir gerâten kan.

33. Êst *aller liebe* gar ein mort
und wundet beide hie und dort:
dir tragent zwei geslehte haz.
daz ander soltû merken baz:
ob es muoz dîn êlîch wîp   5
dur zuht, dur vorhte swîgen,
si denket doch: dû valscher lîp.

34. Wan si tuot als daz kindelîn:
swanne daz verdecket diu ougen sîn,
sô waenetz, daz ez nieman sehe.
verdahter valsch lât sich wol spehen.
dâvor soltû dich bewarn: 5
sô vüerstû helde willic
mit dir gegen der vîende scharn.

35. Nû hoere, künic, und merke mich:
ez stôzent künige lant an dich;
die habent sich *gegen* dir gesterkt.
hâstû die lêre mîn gemerkt,
enprîs dich in (daz ist mîn rât),   5
daz si sich müezen gelimphen
als ein wolf, der vor dem lewen stât.

36. Nû hoere, künic, und merke ez baz:
tragent dîn liute ein ander haz,
müge dâ der minne niht gesîn,
sô stant dem rehten balde bî.
si waenent, des dû dich maht schemen,   5
ob dûz niht underrihtest,
daz sich *ir* beider schade gezeme.

37. Hoerstûz, junger künic vri?
stêstû dem rîchen edeln bî,
daz er den armen tuot gewalt,
dîn missetât ist manicvalt.
dâmit verdienstû gotes zorn   5
und spotent dîn die rîchen
und hâst der armen gunst verlorn.

38. Nû hoere, künic, ich sage dir mê,
waz allen herren missestê.

swanne dir der gernde kumber klaget,
wirt im dîn helfe danne versaget,
ein *trahen* von sînem herzen gât: 5
der klebet an *dîner* stirne,
swenne got an sîme gerihte stât.

39. Dû solt ouch wizzen sunder list:
wer sîner sêle vîent ist,
des wort mit sîden sint bedraet
dar inne, dâmit diu vrouwe naet;
diu krümbet sich nâch angels siten.   5
diu sünde ist sô, daz gotes muoter
niemer getar dâ vür gebiten.

40. Ouch lâ dîn zungen stille ligen:
ein geheizen waere baz verswigen;
den kumberhaften daz gezimt,
daz er zen juden drûf niht nimt.
wirt im dîn helfe danne verspart,   5
sîn schulde an dîner stirne klebet,
sun, hâstû tugende niht bewart.

41. Wan liegen ist ein angstlîch hort;
liegen machet manic mort;
liegen swachet werdiu wîp,
daz ir herze und ouch ir lîp
vil dicke jâmers wirt ermant.   5
ein tiuvel, der hiez Oggewedel,
der ie die êrsten lüge vant

42. Jch weiz ein lüge, die er sprach,
die got vil zornlîchen rach.
swer rehte wisse ir argen site,
daz man wol stahel lupte mite —
Flegetanîse was si kunt;   5
der kunde lüppen mit diu sper,
dâmit wart Amfortas *siechwunt*.

43. Swer strâfet vriunt vor liuten vil
und sich dâmit beschoenen wil,
diu strâfe ist vipernâtern gift
und snidet als daz jappestift.
ist aber diu schame an in geborn,   5
sun, haldestû des strâfen vil,

den vriunt hâst iemermê verlorn.

44. Zuhtmeister, nim dîns herren war,
daz er mit rehten siten var,
mit *hulden reine* habe bejage;
sîn spîse er niht ze winkel trage,
vor trunkenheit er sich bewar, 5
daz er die gîte lâze,
sô kan er werdeclîche varn.

45. Sun, ich wil dir sagen mê:
swenne er *gernde* vür dich gê
und dir sînen kumber klage,
den kumber dû lieplîch mit im trage.
niht envelsche gotes wort: 5
got schreip die selben erbermde
vür sînen hoehsten himelhort.'

Winsbeke.

1. Das alte gedicht.

1. Ein wîser man hete einen sun,
der was im liep als manger ist.
den wolte er lêren rehte tuon
und sprach alsô: ‚mîn sun, dû bist
mir liep âne allen valschen list.   5
bin ich dir liep sam dû mir,
sô volge mir ze dirre vrist,
die wîle ich lebe; ez ist dir guot:
ob dich ein vrömder ziehen sol,
dû weist niht, wie er ist gemuot.   10

2. Sun, minne reiniclîchen got,
sô enkan dir nimmer missegân:
er hilfet dir ûz aller nôt.
nû sich der werlte goukel an,
wie si ir volger triegen kan   5
und waz ir lôn ze jungest sî.
daz soltû sinneclîch verstân:
si wigt ze lône *swindiu* lôt;
der ir ze willen dienen wil,
derst lîbes und der sêle tôt.   10

3. Sun, merke, wie daz kerzen lieht,
die wîle ez brinnet, swindet gar:
geloube, daz dir sam geschiht
von tage ze tage; ich sage dir wâr.
des nim in dînen sinnen war   5
und rihte hie dîn leben alsô,
daz dort dîn sêle wol gevar.
swie hôch an guote wirt dîn name,

dir volget niht wan alsô vil,
ein lînîn tuoch vür dîne schame.   10

4. Sun, gip im, der dir hât gegeben
und aller gâbe hât gewalt:
er gît dir noch ein immerleben
und ander gâbe manicvalt,
mêr danne loubes habe der walt.   5
wiltû nû koufen disen hort,
in sînen hulden dich behalt
und sende guote boten vür,
die dir dort vâhen wîten rûm,
ê daz der wirt verslahe die tür.   10

5. Sun, alliu wîsheit ist enwiht,
die herzen sin ertrahten kan,
hât er ze gote minne niht
und siht in niht mit vorhten an.
ez sprach hie vor ein wîser man,   5
daz dirre werlte wîsheit sî
vor gote ein tôrheit sunder wân:
dâ von sô rihte dînen sin,
daz dû in sînen hulden lebest,
und lâz dich aller dinge an in.   10

6. Sun, geistlîch leben in êren habe:
daz wirt dir guot und ist ein sin.
des willen kum durch niemen abe,
brinc in ze dîner gruobe hin:
ez wirt an saelden dîn gewin.   5
enruoche, wie die phaffen leben:
dû solt doch dienen gote an in.
sint guot ir wort, ir werc ze krump,
sô volge dû ir worten nâch,
ir werken niht, oder dû bist tump.   10

7. Sun, ez was ie der leien site,
daz si den phaffen truogen haz:
dâ sündent si sich sêre mite,
ich enkan niht wizzen umbe waz.
ich wil dir râten verre baz: 5
dû solt in holt mit triuwen sîn
und sprich in schône, und tuostû daz,

sô mac dîn ende werden guot
und wirt ze lône dir beschert
gotes lîcham und sîn reinez bluot.   10

8. Sun, ob dir got vüege ein wîp
nâch sînem lobe ze rehter ê,
die soltû hân als dînen lîp
und vüege, daz ez sô gestê,
daz iuwer beider wille gê   5
ûze einem herzen und darîn.
waz wiltû danne wunne mê,
ob daz geschiht in triuwen phlege?
saet aber diu werre ir sâmen dar,
sô müezen scheiden sich die wege.   10

9. Sun, dû solt sinneclîchen tragen
verholn dîn minnevingerlîn,
dîn tougen niht den tumben sagen:
daz zwein ist reht, ze wît ist drin.
lâ dich niht übergên den wîn: 5
den soltû sô ze hûse laden,
daz dîne vînde iht spotten dîn.
ahte ûf die züngelaere niht,
die werre zwischen vriunden tragen,
und daz in Jûdas aht geschiht.   10

10. Sun, swer bî dir ein maere sage,
mit worten ims niht underbrich,
und swer dir sînen kumber klage
in schame, über den erbarme dich:
der milte got erbarmet sich   5
über alle, die erbarmic sint.
den wîben allen schône sprich:
ist under in einiu saelden vrî,
dâ bî sint tûsent oder mêr,
den tugent und êre wonet bî.   10

11. Sun, wiltû zieren dînen lîp,
sô daz er sî unvuoge gram,
sô minne und êre guotiu wîp:
ir tugent uns ie von sorgen nam.
si sint wunne ein bernder stam,   5
dâ von wir alle sîn geborn.

er hât niht zuht noch rehter scham,
der daz erkennet niht an in,
der muoz der tôren einer sîn,
und hete er Salomônes sin.　　　　　10

12. Sun, si sint wunne ein berndez lieht
an êren und an werdekeit,
der werlte an vröuden zuoversiht:
nie wîser man daz widerstreit.
ir name der êren krône treit:　　　　5
diu ist gemezzen und geworht
mit tugenden vollic unde breit.
genâde got an uns begie,
dô er im engel dort geschuof,
daz er si gap vür engel hie.　　　　10

13. Sun, dû maht noch niht wizzen wol,
waz êren an den wîben lît.
ob ez dir saelde vüegen sol,
daz dû gelebest die lieben zît,
daz dir ir güete vröude gît,　　　　5
sô kan dir nimmer baz geschehen
ze dirre werlte sunder strît.
dû solt in holt mit triuwen sîn
und sprich in wol: tuostû des niht,
sô muoz ich mich untroesten dîn.　　　10

14. Sun, wiltû erzenîe nemen,
ich wil dich lêren ein getranc;
lât dirz diu saelde wol gezemen,
dû wirdest selten tugende kranc,
dîn leben sî kurz oder ez sî lanc:　　　5
leg in dîn herze ein reinez wîp
mit staeter liebe sunder wanc.
ist ez an werdekeit verzaget,
als der triakel daz eiter tuot,
ir wîplîch güete dirz verjaget.　　　10

15. Sun, ich sage dirz sunder wân:
eins mannes herze ist ungesunt,
daz sich niht innân reinen kan
mit wîbes liebe zaller stunt.
ez was ein tugentlîcher vunt,　　　　5

dô guoter wîbe wart gedâht.
hât iemen sorgen swaeren bunt,
den trûric muot bestricket hât,
der strîche wîplîch güete dar:
alsam ein tou sîn nôt zergât.   10

16. Sun, sît diu saelde lît an in,
diu nie mit lobe ir zil volmaz,
sô diene in gerne, und hâstû sin,
dû lebest in êren deste baz.
got sîn an saelden nie vergaz,   5
dem ir genâde wirt beschert,
und er mit triuwen dienet daz.
dem stêt der schilt ze halse wol;
im kumt ze lône ein blanker arm,
dâ im der rieme ligen sol.   10

17. Sun, dû solt wizzen, daz der schilt
hât werdekeit und êren vil:
den ritter tugende niht hevilt,
der im ze rehte volgen wil.
die wârheit ich dich niht enhil: 5
er ist zer werlte sunder wân
ein hôchgemezzen vröuden zil.
nimt in ze halse ein tumber man,
der im sîn reht erkennet niht,
dâ ist der schilt unschuldic an.   10

18. Sun, lât dich got geleben die zît,
daz er mit rehte wirt dîn dach,
waz er dir danne vröuden gît,
wiltû im rehte volgen nâch.
weistû wie Gahmurete geschach,   5
der von des schiltes werdekeit
der moerin in ir herze brach?
si gap im lîp, lant unde guot:
er gît ouch dir noch hôhen prîs,
gîstû im lîp, herze unde muot.   10

19. Sun, wiltû ganzlîch schiltes reht
erkennen, sô wis wol gezogen,
getriuwe, milte, küene und sleht,
sô enist er niht an dir betrogen

und kumt dîn lop wol vür gevlogen.   5
wilt aber dû leben in vrîer wal,
den tugenden allen vor verlogen,
der rede mîn triuwe sî dîn phant,
wiltû in alsô ze halse nemen,
er hienge baz an einer want.   10
   20. Sun, als dîn helm geneme den stric,
zehant wis muotic unde balt;
gedenke an reiner wîbe blic,
der gruoz man ie mit dienste galt:
sitz ebene, swende sô den walt,   5
als dir von arte sî geslaht.
mîn hant hât manegen abe gevalt:
des selben muoz ich mich bewegen.
guot ritterschaft ist topelspil:
diu saelde muoz des siges phlegen.   10
   21. Sun, nim des gegen dir komenden war
und senke schône dînen schaft,
als ob er sî gemâlet dar;
lâz an dîn ors mit meisterschaft,
ie baz und baz rüer im die kraft.   5
ze nageln vieren ûf den schilt
dâ sol dîn sper gewinnen haft,
oder dâ der helm gestricket ist:
diu zwei sint rehtiu ritters mâl
und ûf der tjost der beste list.   10
   22. Sun, wiltû kleiden dîne jugent,
daz si ze hove in êren gê,
snît an dich zuht und reine tugent.
ich weiz niht, waz dir baz an stê,
wiltû si tragen in rehter ê;   5
si machet dich den werden wert
und gît dir dannoch saelden mê:
ich meine guoter wîbe segen:
der ist ein sô genaemer hort,
in möhte ein lant niht widerwegen.   10
   23. Sun, dû solt bî den werden sîn
und lâ ze hove dringen dich.
der man ist nâch den sinnen mîn

dar nâch, als er gesellet sich.
ze rehte swîc, ze staten sprich.   5
die boesiu maere dir ze ôren tragen,
von in dîn staetez herze brich:
wiltû dîn ôre, als manger tuot,
den velschelaeren bieten dar,
sô wirstû selten wol gemuot.   10

    24. Sun, dû solt dîner zungen phlegen,
daz si iht ûz dem angen var:
si lât dich anders under wegen
der êren und der sinne bar;
schiuz rigel vür und nim ir war.   5
gezoumet sî vil rehte dîn zorn:
si gaebe umbe êre niht ein hâr.
wirt si dîn meister, wizzest daz,
si setzet dich in gotes zorn
und dienet dir der werlte haz.   10

    25. Sun, bezzer ist gemezzen zwir
denne gar verhouwen âne sin.
ê daz diu rede entrinne dir
ze gaehes ûz dem munde hin,
besnît si wol ûf den gewin,   5
daz si den wîsen wol behage;
daz wort mac niht hin wider în
und ist doch schiere vür den munt:
wiltû des râtes volgen niht,
dû lebest an êren ungesunt.   10

    26. Sun, swer ze blicke vuoge entnimt,
daz decket doch die lenge niht:
geribeniu varwe niht enzimt,
dâ man den schaden blecken siht.
diu helekäppel sint enwiht,   5
diu bî den liuten kleident wol,
und daz in kündekeit geschiht;
nû ziehe er sîne kappen abe,
der alsô welle triegen dich,
und merke, waz er drunder habe.   10

    27. Sun, merke rehte, wie der rot
daz îsen viulet und den stâl:

alsô tuot unbescheiden spot
des mannes herze sunder twâl.
ez ist ein saeldenvlühtic mâl   5
und slîchet umbe und umbe entwer
von dem ze dem alsam ein swal.
sun, dâ soltû dich hüeten vor:
dû maht niht sanfte von im komen,
ob er dich bringet in daz spor.   10

   28. Sun, hôch geburt ist an dem man
und an dem wîbe gar verlorn,
dâ wir niht tugende kiesen an,
als in den Rîn geworfen korn.
der tugende hât, derst wol geborn   5
und êret sîn geslehte wol.
ich hân ze vriunde mir erkorn
den nidern baz, der êren gert,
vür einen hôhen sunder tugent,
der hiure ist boeser danne vert.   10

   29. Sun, dû solt haben und minnen guot,
alsô daz ez dir niht lige obe:
benimtz dir tugende und vrîen muot,
sô stêt dîn herze in krankem lobe.
guot ist gîtekeit ein klobe: 5
swem ez ist lieber danne got
und werltlîch êre, ich waene, er tobe.
swen ez alsô gevazzet vür,
der ânte sich der beider ê,
ê danne er daz eine verlür.   10

   30. Sun, dînen guoten vriunt behalt,
der dir mit triuwen bî gestât,
und wis in zorne niht ze balt
mit gaehen siten, dêst mîn rât.
ob dir daz guot ze nâhen gât   5
und ob dûz âne tugent vertuost,
diu beidiu machent missetât.
wirf in die mitte dînen sin,
habe unde henge, vürhte got,
sô gât dîn leben mit saelden hin.   10

   31. Sun, merke, daz diu mâze gît

vil êren unde werdekeit;
die soltû minnen zaller zît,
sô wirt dîn lop den werden breit.
ist daz den wandelbaeren leit,   5
waz umbe daz? der boesen haz
die biderben selten ie vermeit.
lebe dû in tugentlîcher aht
und lâz die krancgemuoten leben,
als in von arte sî geslaht.   10

    32. Sun, sô der vogel ê rehter zît
von sînem neste vliegen wil,
sich selben er vil lîhte gît
den tumben kinden zeinem spil.
die rede ich dir gelîchen wil: 5
nimstû dich an, des dû niht maht
volenden und dir ist ze vil,
daz muostû ligen âne êre lân;
sô waere verre bezzer dir,
und waere ez nie gevangen an.   10

    33. Sun, hebe daz dû getragen maht;
daz dir ze swaere sî, lâ ligen.
swer gerne ie über houbet vaht,
der mohte deste wirs gesigen.
dir ist der wîsen lop verzigen,   5
wiltû ze gaehes muotes sîn
âne allen rât und unverswigen;
sô kumt dir gar daz sprichwort wol:
des muotes alze gaeher man
vil traegen esel rîten sol.   10

    34. Sun, dû solt selten schaffen iht
âne dîner wîsen vriunde rât;
ob dir dar an gelunge niht,
daz waere niht ein missetât.
swer wîser liute lêre hât   5
und in mit willen volget nâch,
dem gêt ze saelden ûf sîn sât.
diu maere vil dicke zweient sich:
dâ von soltû daz beste weln
und volge dem; daz êret dich.   10

35. Sun, swer sich selben êren wil,
der nimt getriuwes râtes war:
man vliuset guoter raete vil
an einem herzen tugende bar.
swer dienet unde râtet dar,   5
dâ manz ze dienste niht vervât,
der vliuset sînen willen gar.
swaz vriunde vriunt gerâten mac,
er enwelle selber stiuren sich,
ez ist in einen bach ein slac.   10

36. Sun, si jehent alle, ez brenne vruo,
daz ze nezzeln werden sol:
dîn junger muot daz selbe tuo;
daz kumt dir in dem alter wol.
mit dir ich leides mich erhol: 5
mîn trôst ist an dich einen komen,
dîn liep mîn liep, dîn leit mîn dol.
got tuo mich zweier sorgen bar,
daz dû iht werdest ungemuot
und daz dîn sêle iht missevar.   10

37. Sun, drîzic jâr ein tôre gar,
der muoz ein narre vürbaz sîn:
die wîsen sprechent, ez sî wâr;
ez ist vil dicke worden schîn
und ist ouch der geloube mîn.   5
gewonheit ist dâ schuldic an:
diu gît dem lîbe solhen pîn,
des er von kintheit ist gewon,
ez sî im schade, ez sî im vrum,
dâ kumt er âne got niht von.   10

38. Sun, dû solt hovelîche site
in dînen sinnen lâzen phaden.
behüete dich vor einem snite,
der tuot an êren grôzen schaden;
dâ mite wart Jûdas überladen.   5
swer in dem snite noch vunden wirt,
der muoz mit im ze helle baden.
ich meine untriuwe: uns seit diu schrift,
si sî der armen sêle dort

und hie des lîbes ein vergift.   10

  39. Sun, dû solt kiuscher worte sîn
und staetes muotes: tuostû daz,
sô habe ez ûf die triuwe mîn,
dû lebest in êren deste baz.
trac niemen nît und langen haz;   5
wis gegen den vînden hôchgemuot,
den vriunden niht mit dienste laz,
dâ bî. in zühten wol gezogen,
und grüeze, den dû grüezen solt,
sô hât dich saelde niht betrogen.   10

  40. Sun, hôchvart unde gîtikeit,
diu zwei sint boese nâchgebûr,
an den der tiuvel sich versneit,
daz im sîn süeze wart ze sûr,
sîn schoene swerzer danne ein ûr.   5
in sleht noch hiute und immer mêr
ze helle drumbe ein bitter schûr.
der in den schulden vunden wirt,
dem gît in sînem hûse rûm
der selbe swarze hellewirt.   10

  41. Sun, ich hân lange her vernomen,
swer über sich mit hôchvart wil,
daz im sîn leben mac darzuo komen,
daz sich vervellet gar sîn spil.
ein ieglîch man hât êren vil,   5
der rehte in sîner mâze lebet
und übermizzet niht sîn zil.
swer sich sô ziuhet und ie zôch,
daz in sîn vuore machet wert,
der wirt an êren billîch hôch.   10

  42. Sun, wil dir lieben guot gemach,
sô muostû êren dich bewegen:
an jungem manne ich nie gesach
diu zwei gelîcher wâge wegen.
waz touc ein junger lîp verlegen,   5
der ungemach niht lîden kan
noch sinneclîch nâch êren stegen?
ez ist mir âne zwîvel kunt,

ez loufet selten wîsiu mûs
slâfender vohen in den munt.   10

43. Sun, wizzest daz, verlegenheit
ist gar dem jungen manne ein slac.
ez sî dir offenlîch geseit,
daz niemen êre haben mac
noch herzen liebe sunder klac   5
gar âne kumber und âne nôt:
der luhs gêt sô niht in den sac.
swer sich vor schanden wil bevriden,
der mac geborgen niht . . . .
dem lîbe, dem guote noch den liden.   10

44. Sun, dû solt niht gên ungebeten
an vriundes noch an vîndes rât:
ez mac den man in schaden weten,
ob er dâ sitzet oder stât,
dâ man sîn gerne hete rât.   5
sun, dû solt sô niht dringen zuo:
vür wâr ez ist ein missetât.
kumst aber dû dar von vriundes bete,
sô sliuz die schame vür dînen munt,
daz sich diu zunge iht übertrete.   10

45. Sun, beidiu luoder unde spil
sint lîbes und der sêle val.
der âne mâze in volgen wil,
si machent breite huobe smal.
swer lebet âne êre in vrîer wal,   5
der wirt den werden schiere unwert
und hûset in dem affental.
swer alsô vliuset sîne habe
mit disen swachen vuoren zwein,
der laege baz in einem grabe.   10

46. Sun, swen sîn sin verleitet sô,
daz er unrehte im selben tuot,
ist er bî wîsen liuten vrô,
dâ sol man kiesen tôren muot.
diu riuwe ist nâch der schulde guot,   5
ob si von herzen rehte vert.
ein vol in einer wilden stuot

unûzgevangen wirt ê zam,
ê daz ein ungerâten lîp
gewinne ein herze, daz sich scham.   10

    47. Sun, twinc des dînen vrîen sin,
daz dû ze hûse rihtest dich.
ein teil ich ungereisic bin;
man tuot und lât unvil durch mich.
den armen gip, snît unde brich   5
mit willen dîner reinen habe:
ob allen raeten daz râte ich.
ez ist dir guot und wirt ouch mir:
ich hân in êren her gelebet;
ze hûs wirfe ich den slegel dir.   10

    48. Sun, ob ich ungerüemet wol
und âne unvuoge sprechen mac,
mit liebe ich dich bescheiden sol:
sît ich von êrste hûses phlac,
dâ kom ich nie von einen tac.   5
mîn umbesaezen wizzen wol,
wie dô mîn wort in êren lac.
ich hete noch vil guoten muot
und willic herze, wan daz mir
daz alter grôzen schaden tuot.   10

    49. Sun, swer daz hûs nû haben wil,
der muoz driu dinc ze stiure hân,
guot, milte, zuht, sô lît sîn spil.
ist er dâ bî ein vroelich man,
derz wol den liuten bieten kan,   5
sô tuot sîn brôt dem nemenden wol
und lachent beide ein ander an.
sun, sint dir niht die tugende bî,
sô mac der gast wol rîten vür,
swie gar er naz und müede sî.   10

    50. Sun, swer mit tugenden hûses phliget,
der nimt an werdekeit niht abe,
und alsô mit der mâze wiget,
daz im gevolgen mac sîn habe,
und krüche der an einem stabe,   5
gote und der werlte waere er wert.

die rede ich in dîn herze grabe;
wil si darinne wurzen niht,
als einem vogel, der ê zît
von neste vliuget, dir geschiht.　　　10

51. Sun, hûsêre ist ein werdekeit,
diu bî den hoehsten tugenden vert;
swer si mit schoenen sinnen treit,
wie wol sich der in êren nert.
daz guot wirt reineclîch verzert,　　　5
daz niht ein schade geheizen mac.
zwêne vrumen sint dâ von beschert,
gotes lôn, der werlte habedanc:
der disiu zwei behalten kan,
den rîchet wol sîn ackerganc.　　　10

52. Sun, zwei dinc êrent wol den man,
der sich wil êren mit den zwein,
sô daz er sich behalten kan:
daz eine ist jâ, daz ander ist nein.
wie zieret golt den edelen stein?　　　5
alsô tuont wâriu wort den lîp.
er ist niht vleisch unz ûf daz bein,
dem alsô sliphic ist der sin,
swâ er sîn jâ geheizen hât,
daz er sîn nein dâ schrenket hin.　　　10

53. Sun, vliuch. daz dich iht binde ein bant,
daz ist gestricket in der maht,
daz dû gebunden bist zehant
vor gote in krefticlîcher âht.
swer wirt in sîne stricke brâht,　　　5
sô daz in vindet dâ der tôt,
wê im, daz sîn ie wart gedâht.
daz bant ist der gedienet ban,
der klemmet in der helle alsô,
daz Jûdas nie die nôt gewan.　　　10

54. Sun, dannoch ander kraft er treit:
den er gevazzet an sîn seil,
er nimt im al der kristenheit
gemeine und aller saelden teil.
sîn wundiu sêle wirt niht heil;　　　5

kumt er mit rehte niht dervon,
ie groezer wirt der sünden meil.
gebet, almuosen ist verlorn
und swaz er guotes mac getuon,
die wîle in stichet dirre dorn.　　　　　　10

55. Sun, âhte ist ouch ein bitter krût;
strâze und ir stîge gerne mît.
si mac verleiten dir dîn hût,
swie guot geleite man dir gît.
gerihtes über dich ist zît,　　　　　　　5
swâ man dich hoeret oder siht,
die wîle ûf dir ir boie lît.
dâ lâ dich inne niht versmiden:
dehein zunge, und ist der rihter guot,
mac dich vor tôde niht bevriden.　　　　10

56. Sun, ich wil dir nû niht mêre sagen;
der mâze ein zil gestôzen sî.
dû enmaht sîn alles niht getragen:
nim ûz den raeten allen drî,
lege si dem herzen nâhen bî,　　　　　5
ob ez niht bezzer werden mac:
wirt gotes minne nimmer vrî,
wis wârhaft, zühtic sunder wanc;
manc tugent ir vluz nimt von den drin;
behalt si wol, hab immer danc.'　　　　10

2. Die fortsetzungen.

57. ,Vater, dû hâst veterlîchen mir
gerâten als ein wîser man.
ich wil vil gerne volgen dir,
ob mir got sîner helfe gan,
diu alliu dinc volenden kan.　　　　　5
sîn unvolmezzen hôhe tugent
bite ich immer unde man,
daz ich im hie ze dienste lebe,
alsô daz er mir drumbe dort
sîns vater himelrîche gebe.　　　　　10

58. Vater, ich bin ein kint, doch sihe ich wol,

daz disiu werlt ein goukel ist;
ir vröude erlischet als ein kol,
ir bestiu wunne wirt ein mist;
ir trôst ist gar ein ungenist.   5
si lât ir vriunde in swacher habe,
des du wol innân worden bist:
dû hast ie her gedienet ir;
nû merke, waz ir trügeheit
ze lône habe gegeben dir.   10

59. Vater, alter lîp und müediu lit,
diu zwei sint dîn mit voller habe.
dû waere ê snel, nû gât dîn trit
ze nâhen leider bî dem stabe.
dâ grûset mir von schulden abe,   5
ob dîne schulde manicvalt
dem lîbe volgent hin ze grabe.
dîn rât ist kranc, ob daz geschiht:
des mannes wîstuom ist niht guot,
ist er im selben wîse niht.   10

60. Vater, wîsem manne schône zimt,
daz er tuo wol mit staeten siten;
dâ bî ein tumber bilde nimt:
daz würde vil lîhte sus vermiten.
ein gar alt man mit tumben siten,   5
der niht bedenket, waz er ist
und waz got durch in hât erliten,
der ist in tôren aht gemuot.
ez ist ein lop vor allem lobe,
der an dem ende rehte tuot.   10

61. Vater, mit urloube wil ich dir
mîn herze entsliezen über al;
ez enmac sich niht verheln bî mir:
dû solt vür dîner sünden val
legen ûf dîn eigen ein spitâl   5
und solt dich selber ziehen drîn;
ich var mit dir in vrîer wal.
alle unser habe sul wir dar seln
und vür der werlte trügeheit
daz süeze himelrîche weln.'   10

62. ‚Sun, die rede ûz dem herzen dîn
gesprochen hât ein wîser geist.
ich vröuwe mich in dem herzen mîn,
daz dû von gote sô vil weist.
dîns râtes wil ich sîn volleist,   5
wan dâ stuont ie mîn wille nâch,
doch liez ichz durch dich allermeist.
ich hân gelebet nû lieben tac,
daz dû ze gote dich wilt begeben
und ich mit dir gebüezen mac.   10

63. Sun, swaz ich vröuden ie gewan,
die sint bî disen vröuden blint,
sît ich von dir vernomen hân,
daz dir die sünde unmaere sint.
ich sage dir, herzeliebez kint,   5
wir koufen in dem sacke niht
(an dînem muote niht erwint),
ob wir hie unser zwîvelleben
umbe einez, daz uns.immer wert,
mit vröuden willeclîche geben.'   10

64. Ûz ougen muoste er wangen baden:
von herzeliebe daz geschach.
der sun sprach: ‚vater, ir tuot iu schaden,
ir volget wîbes siten nâch,
die man ie lîhte weinen sach;   5
dâ hoeret niht wan vröude zuo
und hie des lîbes ungemach.
ez ist niht ein kindes spil,
der mit des lîbes arebeit
ze rehte sünde büezen wil.'   10

65. ‚Got herre, dîne trinitât
und dîne starken goteheit
erbarmen sol mîn missetât.
des man ich dîne erbarmekeit,
diu rehter riuwe ist bereit,   5
daz dû mir staete riuwe gebest,
sô daz mir sî von schulden leit,
daz ie der lîp gesündet habe:
daz des iht sî diu sêle phant,

durch dîne tugent des hilf mir abe.   10

66. Got herre, dû weist wol, daz ich bin
in sünden ein vertiefter man
und daz mîn saelden vrîer sin
noch staete riuwe nie gewan,
sît ich mich sünden êrst versan.   5
nû bin ich in mîn alter komen
und ruofe dîne marter an
und dîne tugent manicvalt,
daz als dem schâcher mir geschehe,
der spaeter riuwe *niene* engalt.   10

67. Jch bin in den wîngarten brâht
durch bûwen, houwen unde jeten
und hân mich leider überdâht,
daz ich vil vruo wart dar gebeten,
daz ich den rât hân übertreten;   5
und hât daz alter mit gewalt
in sîne stricke mich geweten,
daz ich verslâfen hân die . zît.
dâ von muoz ich ze danke nemen
ein lôn, daz mir der meister gît.   10

68. Doch tuot mir der gedinge wol
(den weiz ich endelîchen wâr),
bûwe ich mit triuwen, als ich sol,
an lône ich deste baz gevar.
in wart gelîch gelônet gar,   5
die vruo ze tagewecke zît
und spâte kâmen werken dar.
ich bin niht guotes lônes wert;
ein teil ich mich verslâfen hân:
mîn riuwe iedoch genâden gert.   10

69. Dû bist genaedic unde guot,
milte und erbarmic, herre got,
dem sünder, ob er sînen muot
von sünden nimt durch dîn gebot.
sô starc ist mîner sünden nôt,   5
ez undervar dîn gotlîch tugent,
diu ie *dem* rehten helfe bôt,
mîn sêle muoz in buoze klagen,

daz mînen lîp mîn muoter ie
ze disen noeten hât getragen.   10

70. Got herre, sît diu kleinen kint
von ir gebürte tages alt
niht gar von sünden reine sint,
wie wirt ez danne umbe mich gestalt?
des hât dîn barmekeit gewalt.   5
mîn phant stêt leider ûf den schaden,
des ich noch nie ein teil vergalt.
hilf, herre, ich mac vergelten niht:
dîn milte diu sol mir stiure geben;
der phander grôzer buoze giht.   10

71. Got, dir sint alliu herzen kunt:
ein winkel nie sô enge wart
von oben unz ûf der erde grunt,
der dîner wîsheit waere verspart.
dîn tugende sint sô reiner art,   5
daz dû den sünder niht vertuost,
geriuwet in der sünden vart
und hât ze buoze vesten sin.
dû sihst in mînem herzen wol,
daz ich in staeter riuwe bin.   10

72. Die gâbe hâstû mir gegeben;
gip mir noch dîner helfe mê.
lâz mich noch hie als lange leben,
daz mir geschehe in buoze wê.
ze wol ist mir gewesen ê: 5
ich lie durch dîne vorhte niht,
noch durch dîn liebe alsam, âwê;
sol ich daz hie gebüezen niht,
die wîle ich in der werlte gelebe,
wie wê mir danne dort geschiht!   10

73. Marîâ Magdalênâ was
mit houbetsünden überladen:
von starker riuwe si genas;
man sach si dîne vüeze baden
mit zehern vür der sünden schaden.   5
dem miste Jôb ze teile wart:
in riuwen âzen in die maden.

Susannen wart mit lüge vergeben.
die vunden alle helfe an dir:
dû gaebe in dort ein immerleben. 10

74. Dîn ungemezzen kraft Jônam
(daz muoz man vür ein wunder wegen)
ûz eines visches wambe nam,
dar inne er was drî tage gelegen.
drin kinden half dîn gotlîch segen, 5
daz in diu vlamme niht entet.
ich bin in sünden gar verlegen;
daz riuwet mich und ist mir leit:
dû maht ouch wunder an mir tuon;
sô kreftic ist dîn barmekeit. 10

75. Dîn kraft ist allen kreften vor,
dû niderst, hoehest, swen dû wil.
waz half, daz Nabuchodonosor
gewaltes hete und rîcheit vil?
von hôchvart sich verviel sîn spil, 5
daz er ze walde wilde lief
der tage ein lanc gemezzen zil,
an allen vieren kleider bar.
vor dînem zorne, den ich hân
verdienet, herre, mich bewar. 10

76. Wie möhte ich allez daz volsagen,
daz dû ie her gewundert hâst?
ich muoz dir mîne sünde klagen;
der trage ich alze swaeren last.
ich waere in gerne ein vrömder gast 5
swie gar ich sündenmaelic sî,
doch wont in mir der riuwe ein ast:
der ist von dîner maht bekliben.
ich troeste mich, diu riuwe ist guot:
daz vinde ich in dem blate geschriben. 10

77. Got, ich tuon mîne bîhte dir,
als ein sündaere sol und muoz:
erzeige dîne helfe mir,
sô daz mir werde sorgen buoz,
die wîle ich hant mac oder vuoz 5
gerüeren. des wil ich dich biten,

magt unde muoter, durch den gruoz,
den dir von gote der engel sprach:
ze dînem kinde sprich mîn wort;
dîn helfe ie starken kumber brach.　　　10

　78. Jch hân der werlte mich bewegen
und sol nû als ein sündic man
in riuwen und in buóze leben.
wê daz ich ie den muot gewan,
der wider dich iht hât getân:　　　5
daz riuwet mich und ist mir leit.
nû lâ mich dîne hulde hân
nâch bezzerunge, herre got:
genaediclîchen über mich
ergê dîn wille und dîn gebot.　　　10

　79. Sît wir nâch dir gebildet sîn
und ouch sîn kristen und dû Krist,
sô schirme uns vor der helle pîn
und gip uns hie sô lange vrist,
daz uns iht vâhe des tiuvels list:　　　5
dâ behüete, süezer gnanne, uns vor,
wan er uns alze vaeric ist.
êre an uns dîne goteheit
und dîne hôhe namen drî,
die himele und erde sint ze breit.　　　10

　80. Von herzen in vergeben sî,
die mir ie her getâten leit.
mîn eigenliute ich lâze vrî;
mîn huobengelt smal unde breit,
daz man mir bûwete unde sneit　　　5
vür eigen, des verzîhe ich mich.
ich hânz ûf ein spitâl geleit:
ez sol vürbaz der armen sîn.
ich und mîn eingeborner sun
zuo in uns wellen ziehen drîn.'　　　10

———

Winsbekin.

1. Ein wîplîch wîp in zühten sprach
zir tohter, der si schône phlac:
‚wol mich, daz ich dich ie gesach!
gehoehet sî der süeze tac,
dâ dîn geburt von êrst an lac,   5
sît ich mit ganzer wârheit wol
mit wîser volge sprechen mac,
dîn anblic sî eins meien zît.
got sul wir immer gerne loben,
der alsô rîche gâbe gît.'   10
   2. ‚Des volge ich, liebiu muoter, dir,
ich lobe in, sô ich beste kan.
er sol der sinne helfen mir,
daz ich in sehe mit vorhten an:
durch sîne tugende ich in des man.   5
ich sol nâch sînen hulden leben,
ob ich mir selber êren gan.
vater und muoter suln diu kint
wol êren; daz hât er geboten:
wol in, die des gehôrsam sint.'   10
   3. ‚Vil liebiu tohter, mir behaget
dîn rede und ouch dîn antwurt wol.
ûf den muot mich mîn triuwe jaget,
daz ich dirz beste râten sol.
ez würde mînes herzen dol,   5
ob dîn lop wîplîch unde ganz
von dînen schulden würde hol.
dâ *vor* uns beide got bewar

und sîner lieben muoter kraft,
daz dîn muot immer sô gevar.'   10
  4. ,Rât, liebiu muoter, unde sprich,
wie unde waz dîn wille sî:
ich hân des gar vereinet mich,
ich wil dir sîn mit volge bî.
diu jugent wil vrô sîn unde vrî: 5
der beider hân ich mich bewegen.
diu hôchwart velwet êren zwî:
ich wil mîn herze lâzen nider.
swelh wîp nû kumt in swachez wort,
müelîch si sich verrihtet wider.'   10
  5. ,Trût kint, dû solt sîn hôchgemuot,
dar under doch in zühten leben,
sô wirt dîn lop den werden guot
und stêt dîn rôsenkranz dir eben.
den êre gernden soltû geben.   5
ze rehte dînen werden gruoz
und lâz in dînem herzen sweben
scham unde mâze ûf staeten pîn.
schiuz wilder blicke niht ze vil,
swâ lôse merker bî dir sîn.'   10
  6. ,Scham unde mâze sint zwô tugent,
die gebent uns vrouwen hôhen prîs.
wil si got lieben mîner jugent,
sô gruonet mîner saelden rîs
und mac in zühten werden grîs.   5
bewîse, liebiu muoter, mich
der rede baz (ich bin niht wîs),
wie wilde blicke sîn gestalt,
wie, wâ ich die vermîden sül,
daz si mich machen iht ze balt.'   10
  7. ,Ez heizent wilde blicke wol,
als ich ze hove bewîset bin,
als ein wîp vür sich sehen sol,
daz ir diu ougen vliegent hin,
sam ob si habe unstaeten sin,   5
und âne mâze daz geschiht.
daz ist ir lobe ein ungewin:

die melder merkent unser site.
twinc dîniu ougen deste baz,
daz râte ich, tohter, unde bite.'   10

   8. ‚Vür wâr dir, muoter, sî gesaget,
swie kleine ich habe der jâre zal,
daz mir diu vuore niht behaget,
swelch wîp diu ougen ûf, ze tal
in dem houbet treit als einen bal,   5
dar under ouch gelachet vil:
diu prîset niht der zühte ir sal.
ich waene ouch, daz juncvrouwen muot,
diu âne vorhte wirt erzogen,
nâch ir gebaerden dicke tuot.'   10

   9. ‚Sint wîsiu werc den worten bî,
sô ensint die sinne niht betrogen;
sint aber si guoter werke vrî,
sô sint diu wîsen wort gelogen.
von neste ein vogel ze vruo gevlogen   5
der wirt den kinden lîhte ein spil:
die vedern werdent im enzogen.
daz mac dir, liebez kint, geschehen,
hâstû in jugent gar wîsiu wort
und lâst dich tump an werken sehen.'   10

   10. ‚Sint mîniu wort wîs âne werc,
des lobe ich niht; ez ist enwiht.
waz solte mir ein guldîn berc,
des ich geniezen möhte niht?
ein ouge liebt, daz niht gesiht,   5
daz zeiget selten guoten wec.
waz ob diu saelde mir geschiht,
daz ich in beiden obe gelige
und dîner lêre volge sô,
daz ich untugenden an gesige ?'   10

   11. ‚Got gebe, daz dir dîn dinc ergê,
als dû hâst willen und gedanc.
waz wil ich danne vröuden mê,
wirt dîn lop niht von schulden kranc ?
des sagent dir die besten danc.   5
weistû niht, wie diu süeze maget

Lûnete nâch lobe mit tugenden ranc?
vil lîhte dir ouch daz heil geschiht,
ob man dich niht durch vrîen muot
ûz wîbes tugenden brechen siht.' 10

12. ‚Diu wehselrede ein ende habe:
die sul wir ûf daz rîche geben,
daz deste groezer sî sîn habe;
und lêre mich nâch êren leben,
gebâren unde sprechen eben, 5
daz ich den wîsen wol behage;
daz wil ich nimmer übergeben.
tuon ich niht den willen dîn,
sô hastû dich enbunden wol
und muoz ich eine schuldic sîn.' 10

13. ‚Wis, liebiu tohter, wol gemuot,
daz doch der zuht die sinne phlegen.
wis staeter site von herzen guot,
sô hâstû guoter liute segen.
mahtû die tugent ûf gewegen, 5
dir wirt von mangem werden man
mit wunsche nâhen bî gelegen.
soltû mit saelden werden alt
zuo der schoene, die dû hâst,
durch dich verswendet wirt der walt.' 10

14. ‚Sol, muoter, mir daz êre sîn,
ob man mîn wünschet ûf ein strô?
es ahtent niht die sinne mîn,
daz im von wârheit sî alsô.
ich wil in zühten wesen vrô, 5
als mînen jâren wol an stât,
mîn lop in êren ziehen hô,
als ie der werden wille was.
ich wil dar an unschuldic sîn,
ob man mîn wünschet ûf daz gras.' 10

15. ‚Gedanke sint den liuten vrî
und wünschen sam: weistû des niht?
daz mahtû wol verstân dâ bî,
sô man ein wîp ie schoener siht,
der man in tugenden êre giht, 5

der wünschet ir, wirt ims niht mê.
hât er ze minne muotes iht,
ein ieglîch sin des hoehsten gert.
sô man gedenket ofte an dich
und wünschet dîn, sô bistû wert.'   10
    16. ,Daz ich der werden lop bejage,
dâ wil ich immer jagen nâch.
den swachen ich unwillen trage,
die man untât ie werben sach.
ein wîser man hie vore sprach: 5
„ze swacher heimlîch wirt man siech;
diu prüevet schande und ungemach."
ein ieglîch man mac wünschen mîn;
swem aber mîn schapel werden sol,
der muoz vil wol gevieret sîn.'   10
    17. ,Dû sprichest wol, mîn liebez kint:
der süezen rede ich dir wol gan.
wer weiz nû, wâ die staeten sint?
vil missewendic sint die man;
si tragent helekäppel an.   5
ze guoten wîben süeziu wort
diu meiste menge sprechen kan,
doch mêrenthalp niht âne schaden.
versnîdent dich ir käppelsnite,
dû muost diu wange ûz ougen baden.'   10
    18. ,Waz ahte ich ûf ir käppelîn,
dâ si ir vriunt versnîdent mite?
ich getrûwe dem staeten herzen mîn:
mich vâhet niht ir wehselsite.
mîn staetez herze ich wol erbite,   5
daz ez mich vride vor ir untât.
ich vürhte niht ir spaehen snite:
die suln mich vinden in der aht,
daz mich iht triege ir lôsiu rede.
got gebe in allen guote naht.   10
    19. Si sagent, wîp haben kurzen muot
und dâ bî alle langez hâr;
dem gelîch vil mangiu leider tuot,
sô si daz sprichwort machet wâr.

swiez umbe der manne unstaete var,   5
wir wîp wir solten staeter sîn,
ob ichz in hulden reden getar,
und trüegen in gemeinen haz,
die niht ir zuht an uns bewarnt;
si schônten unser deste baz.   10

20. Ez ist komen her in alten siten
vor mangen jâren unde tagen,
daz man diu wîp sol güetlîch biten
und lieplîch in dem herzen tragen:
sô suln si zühticlîch versagen   5
oder aber sô sinneclîch gewern,
daz sis her nâch niht enklagen.
diu spaete riuwe ist gar enwiht,
dâ bî der wandelbaeren spot
hin nâch, alsô der schade geschiht.'   10

21. ‚Dû bist der sinne ûf rehtem wege;
des vröuwe ich mich, vil liebez kint.
behalt si wol in dîner phlege,
daz dich diu minne iht mache blint.
vil wîsiu herze enzündet sint   5
von ir gewalt, dêst mir wol kunt:
die rede ze beine niht enbint.
wiltû dich ir gewaltes wern,
sô müeze got dînen jungen lip
mit sîner starken kraft ernern.'   10

22. ‚Mîn herze ich selbe erkennen sol:
der minnen kraft ist mir unkunt.
ich spriche ez ungerüemet wol,
ich enwart nie von ir strâlen wunt
und lebe noch her der nôt gesunt.   5
vrou minne weiz diu herzen wol,
diu si mac twingen an den grunt:
der herzen ich niht einez trage,
daz von der minne meisterschaft
an sîner werdekeit verzage.'   10

23. ‚Ob hundert tûsent herzen kraft
in einem herzen möhte ligen,
ir ungemezzen meisterschaft

im kurzlich möhte an gesigen.
si hât vil starkiu herze erstigen: 5
künec Salamôn, swie wîs er was,
ir wart sîn herze niht verzigen.
wil si dir in dîn herze smiden,
des mahtû nimmer dich erwern,
dich enwelle aleine got bevriden.' 10
 24. ‚Dû sprichest, muoter, dem gelîch,
sam dich ir kraft gerüeret habe.
swie gar ir maht sî krefte rîch,
ich kum doch ir gewaltes abe.
ich lâze ê tragen mich ze grabe, 5
ê si mîn herze mit gewalt
alsam ein spiegelholz ergrabe.
kumt aber si drîn und sperret zuo,
genise ich oder bin ich tôt,
sô sage mir, waz ich danne tuo.' 10
 25. ‚Dû gihst, si habe gerüeret mich
hie vor bî mînen jungen tagen.
ob ez sô hât gevüeget sich,
dâ wil ich dir niht vil von sagen.
alsô der hunt den hirz wil jagen, 5
hât er iht wol genozzen vor,
er mac sich deste wirs entsagen.
swen hôhiu minne twingen gert,
der sol unvuoge lâzen gar
und machen sich den werden wert.' 10
 26. ‚Bin ich dir deste lieber iht,
ob minne twinget mînen sin
und von gewalte daz geschiht?
ich wil niht in dem zwîvel sîn:
nû tuo mir dînen willen schîn; 5
daz diene ich immer umbe dich.
gevar ich wol, diu êre ist dîn.
ich hân gerihtet mînen muot,
swaz dir an mir gevallet wol,
daz mich daz allez dunket guot.' 10
 27. ‚Jch wil dir mînen willen sagen;
den soltû rehte alsô verstân:

mahtû ein kiuschez herze tragen,
des muostû lop und êre hân.
ob dir diu minne des niht engan 5
und wil betwingen mit gewalt
dich, daz dû minnest einen man,
der saelden ist und êren wert,
der sol doch nâch dem willen mîn
von dir belîben ungewert.' 10

28. ,Jch wil dir des mîn triuwe geben,
die kristen ê gesetzet hât,
die wîle ich einen tac sol leben,
ich briche nimmer dînen rât.
ob mich diu minne niht erlât, 5
si welle twingen mir den sin
wirs, danne ir zühten wol an stât,
vil liebiu muoter, sô ger ich,
ob dû die volge sehest an mir,
daz dû mit riemen bindest mich.' 10

29. ,Jch wil dîn, tohter, hüeten niht:
dîn staeter muot dîn hüeten muoz.
ob dir von minnen kraft geschiht,
daz dir ze walde stêt der vuoz,
des schaffe dir dîn staete buoz. 5
mac si ir kreften an gesigen,
sô dienestû der werden gruoz.
diu huote prüevet dicke schaden:
swer hüetet anders, danne er sol,
der wil ze hûs unêre laden. 10

30. Ein reinez wîp in tugenden wert,
diu wol ir êren hüeten kan
und niht wan staeter triuwen gert,
die sol man selbe hüeten lân.
man sol die huote heben an 5
an einem wîbe tumber site,
diu niht ir selber êren gan.
man mac ir ein dinc undersehen,
dâ si ir vrîheit trîbet zuo;
daz vürbaz müelîch kan geschehen. 10

31. Diu huote ist niht ein swaerer pîn,

dâ vriunt wil minnen vriundes rât;
tuot er daz mit dem herzen schîn,
sô daz er solhe missetât
verber, diu an sîn êre gât,   5
sô hat der hüeter guoten muot,
ob im diu volge bî gestât.
sol wîser rât der volge enbern,
der alsô vriundes hüeten sol,
der zamte lîhter wilde bern.   10

  32. Diu huote ist wîbes êren gram,
swâ si ûf kranken wân geschiht:
ir ende guot ich nie vernam.
betwungen liebe ist gar enwiht,
wan si gît hôhes muotes niht.   5
diu liebe sol von herzen komen
und haben mit staeter triuwe phliht
ûf alle vlust und ûf gewin.
diu ander liebe sliphic ist
alsam ein îs dâ her dâ hin.   10

  33. Nû lâzen wir die huote varn
und sprechen von der minne mê.
mahtû dich vor ir kraft bewarn,
als dû mir hâst verjehen ê,
swem danne ein schapel schôner stê,   5
mîn kint, denne dir daz dîne tuo,
dâ man die werden schouwen gê,
daz lâze ich immer âne haz.
ez mac ein wîp wol schoener sîn:
deheiniu lebet in zühten baz.'   10

  34. ‚Dû lobest mich, liebiu muoter mîn,
alsam ir kint ein muoter sol.
ich lige dir in dem herzen dîn
und tuon dir in den ougen wol.
mîn triuwe ist ouch gegen dir niht hol;   5
dû bist mir lieber danne der lîp:
der liebe ist gar mîn herze vol.
nû sage mir, ob diu minne lebe
und hie bî uns ûf erde sî
oder ob uns in den lüften swebe.'   10

35. ‚Ein wîser man Ovîdîus
der tuot uns von ir wunder kunt;
er giht, si sî genant Vênus,
si mache süeziu herzen wunt
und nâch ir willen wider gesunt,   5
diu selben aber wider siech;
daz ist ir wehsel zaller stunt.
ir willen niht entrinnen mac:
si vert unsihtic als ein geist;
si hât niht ruowe naht noch tac.'   10

36. ‚Sint alliu herze in ir gebot,
der êren ich ir niht engan.
ez werdent liehtiu ougen rôt,
suln hôhe gern die nidern man,
von den kein êre werden kan,   5
und suln die hôhen nider gern.
der got sich wunderlîch versan,
der ir gewalt sô wîten maz:
die hôhen solten hôhe gern,
die nidern nider, daz stüende baz.'   10

37. ‚Diu hôhe edele minne wert,
diu wirbet sunder wân niht sô:
sint si an hôhen tugenden wert,
die si mit zühten vindet vrô,
die ziuhet si mit ir sô hô,   5
daz si versmaehent swachen muot.
si lât des niht durch vürsten drô,
si slieze ein herze inz ander gar,
diu nâch ir willen ir behagent;
der nidern nimt si kleine war.'   10

38. ‚Vür wâr, si taete mir gewalt,
ob si betwunge mir den sin,
daz mir mîn herze würde balt
ûf mîner saelden ungewin
und wider mînen muot dâ hin,   5
dâ von mîn êre würde kranc,
des ich dâ her erlâzen bin.
wil ir gewalt mich niht verbern,
sô twinge nâch ir êren mich:

des muoz ich ûf genâde gern.'   10

39. ‚Jch wil dir, liebiu tohter, mê
von werder minne tugende sagen,
wiez umbe ir gelaeze stê.
si mac ein herze niht getragen,
daz mit untugenden ist beslagen;   5
dâ enwil si âne zwîvel niht
benahten inne noch betagen.
ez muoz gereinet innen sîn,
ê daz si ûzen klophe dran:
ist im alsô, si sitzet drîn.'   10

40. ‚Jch hân gehoeret und gesehen,
swie gar der jâre ein kint ich sî,
daz etlîch heimlîch ist geschehen,
dâ einhalp was niht êren bî:
ir mügent ouch noch geschehen drî.   5
ist dâ diu minne schuldec an,
sô sî eht mîner triuwen vrî.
si sol niht lâzen hôhe gern
ein nider herze tugende kranc
und hôhe minner nider gewern.'   10

41. ‚Der vürwitz machet kranken muot:
dâ ist diu minne unschuldec an.
swer sînem rehte unrehte tuot,
der êren niht gehüeten kan.
ein ieglîch man im selben gan,   5
der suochet, ob er vinden mac:
daz ist behendeclîch getân.
der alsô gougelvuore phliget,
dâ ziuhet sich diu minne von,
wan si diu herze in tugenden wiget.'   10

42. ‚Hât minne sô hôchgelobete site,
als mir dîn munt verjehen hât,
daz ich dâ langer wider strite,
daz waere an mir ein missetât.
sît daz ir hof in êren stât,   5
sô wolte ich gesinde dar inne sin.
ist ez dîn wille und ouch din rât.
ob si mich in ir schuole neme.

sô lêre mich ir regel sô,
daz ez mir wol an êren zeme.' 10

    43. ‚Dû hâst dich sinneclîch bedâht:
der endekeit ich dir wol gan.
ob dû der rede gevolgen maht
mit werken, daz ist guot getân.
der minne regel ich alle kan: 5
die wil ich alle lêren dich
und hebe alsô zem êrsten an.
ein wîp, diu lobes und êren sî,
diu nîde ein ander drumbe niht,
diu ouch sî missewende vrî. 10

    44. Diu ander regel uns lêre gît
(nû merke, waz ich welle sagen),
wir suln uns vlîzen alle zît,
daz wir den wîsen wol behagen
und vliehen ungemuote zagen, 5
die wîbes êre gremic sint
und eiter in den zungen tragen,
besnîden sinneclîch diu wort
und grüezen, dâ wir grüezen suln:
sich, daz ist wîbes êren hort. 10

    45. Diu drite regel uns lêret, daz
wir sîn in zühten wolgemuot,
gar âne nît, gar âne haz,
wîplîcher site, *wîplîchen* guot,
dar under *tugentlîchen* vruot. 5
sîn wir dem râte staete bî,
sô decket uns der saelden huot,
daz uns dehein weter selwen mac:
mit êren wir ze bette gên
und âne sloiger an den tac.' 10

————————

Unechte und zweifelhafte strophen.

1. Winsbeke.

Aus *g*.

Nach 8:

Sun, der manne saelikeit
vür wâr an reinen wîben lît.
ir lop ist in der welte breit;
ir güete manege vröude gît.
ir krône ist hôch âne allen strît: 5
der soltû nemen rehte war,
waz edeler steine dâ inne lît
mit tugenden wol gesenket în.
ir werdekeit bis iemer vrô,
sô gât dîn leben mit saelden hin.   10

Nach 19:

Sun, ritter ist ein werder name
und tiuret vor den vrouwen wol.
wer in treit mit rehter schame,
des lop man schône sprechen sol.
ûf sînem helme zimet wol   5
ein kranz von reines wîbes hant,
dâ von er mac wol wesen tol.
ûf der bane har und dar
wâ er mit rehter küre vert,
dâ nimt man sîn mit vlîze war.   10

Nach 43:

Sun, dû solt got vor ougen hân
(daz was ie der wîsen rât)
und wizze, wiltû sîn niht lân,
daz er ouch niemer dich verlât.
hüete dich vor grôzer missetât   5
. . . .
wie daz die schalke rîchsent hie,   8
sô soltû wizzen wol vür wâr,
daz got den sînen nie verlie.   10

Aus *k*.

Nach 63:

Nû sage an, minne, ich vrâge dich;
wie stêt dîn hilfe und dîn gewalt?
si sint verdorben, dunket mich,
und sint ouch niht als ê gestalt.
si jehent, dû sîst ein teil ze balt.　　　　　5
nû scham dich durch diu reinen wîp,
daz unverswendet stêt der walt.
dîn schapel dir unebene stât:
daz hât gemacht ein niuwer walt;
daz guot weizgot nû vor iuch gât.　　　　　10

2. Winsbekin.

Aus *J*.

Vor 1:

Wir vrouwen wolten, möhte ez sîn,
der von dem lîbe waere guot,
daz er den offenbaeren schîn
mit tugenden lieze wol behuot.
swie wol erz under dem helme tuot,　　　　　5
er hât uns vrouwen niht gewert,
ern habe dâ bî doch hübschen muot.
wir vrouwen loben deheines tât,
der ûzen lêhenkäppelîn
und heim gezogen schande hât.　　　　　10

Wir vrouwen haben nû meister mê,
denne uns diu mâze schuldic sî.
ir besem zôch die besten ê:
nû ist uns manges besem bî,
der selbe ist aller zühte vrî.　　　　　5
mich müet, der niht gemezzen kan
mit rehter vuoge vüeze drî,
daz der den vrouwen mezzen wil
nâch kranker lêre ir lûter leben:
der meisterschaft ist gar ze vil.　　　　　10

Druck von Ehrhardt Karrar, Halle a. S.